Vertiefen und vernetzen mit den Sonderseiten:

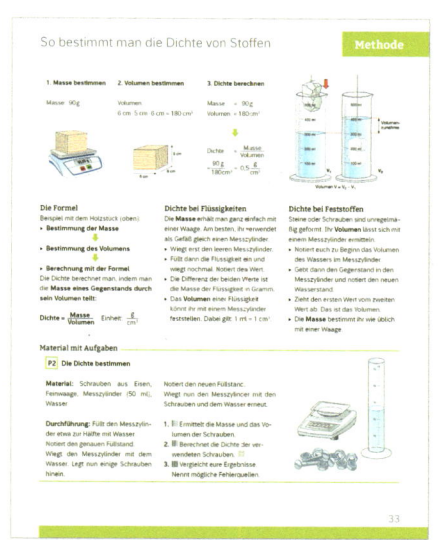

Expertenwissen: Auf diesen Seiten werden bestimmte Themen des Kapitels vertieft. Hier wirst du zur Expertin oder zum Experten.

Methode: Auf diesen Seiten werden dir naturwissenschaftliche Methoden vorgestellt. Du lernst auch, diese selber anzuwenden.

Auf einen Blick: Auf diesen Seiten werden verschiedene Themen des Kapitels miteinander vernetzt.

Zu vielen Aufgaben und Grafiken stehen dir Filme zur Verfügung, die du dir passend zu dem jeweiligen Thema anschauen kannst. Scanne dazu den QR-Code oder gib auf www.westermann.de/blickpunkt-188085 folgenden Online-Schlüssel ein:

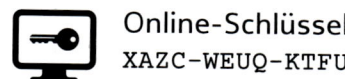

Online-Schlüssel
XAZC-WEUQ-KTFU

Zusammenfassung: Auf diesen Seiten sind die wichtigsten Inhalte des Kapitels noch einmal für dich zusammengefasst.

Trainer: Auf diesen Seiten findest du viele Aufgaben, mit denen du dein Wissen trainieren kannst.

westermann

blickpunkt.
CHEMIE

1

erarbeitet von:
Sabine Fink, Dr. Erwin Graf, Thomas Günkel, Ursula Himmler, Wolfgang Münzinger

unter Mitarbeit von Dr. Ann-Christin Möller, Susanne Schierz
und der Verlagsredaktion

In Teilen eine Bearbeitung von:
978-3-14-102065-6, erarbeitet von Dr. Petra Hoppe, Tobias Hoppe, Daniele Mittler, Julia Volkmer, Petra Wolthaus
978-3-14-102000-7, erarbeitet von: Sandra Adamitzki, Horst Groth, Jennifer Jakobsen, Daniel Kroll, Uwe Leiding, Dr. Katharina Moschner-Rahe, Thomas Sudeik

westermann GRUPPE

© 2021 Westermann Bildungsmedien Verlag GmbH, Georg-Westermann-Allee 66, 38104 Braunschweig
www.westermann.de

Druck A^2 / Jahr 2022
Alle Drucke der Serie A sind im Unterricht parallel verwendbar.

Grafikkonzept: Atelier Tigercolor Tom Menzel
Grafik: Atelier Tigercolor Tom Menzel, Matthias Berghahn, Birgitt Biermann-Schickling, Brigitte Karnath, Andrea Naumann, Thilo Pustlauk, Michal Rössler, Birgit und Olaf Schlierf, Ingrid Schobel, Hannes von Goessel, Werner Wildermuth, Michael Wojczak
Umschlaggestaltung: LIO Design GmbH, Braunschweig
Layout: LIO Design GmbH, Braunschweig
Druck und Bindung: Westermann Druck GmbH, Georg-Westermann-Allee 66, 38104 Braunschweig

ISBN 978-3-14-**188085**-4

Chemie – ein neues Fach

Stoffe im Alltag

Stoffgemische

Wasser ist lebenswichtig

Feuer und Flamme

Aufgaben richtig bearbeiten

Im Unterricht und bei Klassenarbeiten musst du Aufgaben lösen. Dazu ist es wichtig, genau zu verstehen, was mit dem jeweiligen Arbeitsauftrag gemeint ist. Dafür musst du wissen, was die Verben in den Aufgaben bedeuten.

Nennen, Aufzählen, Aufschreiben, Angeben

Beim Nennen listest du Daten, Fakten, oder Begriffe ohne weitere Erklärung auf.

1. Nenne die Metalle, die von Magneten angezogen werden.

Aufgabenlösung:
Es sind die Metalle Eisen, Cobalt und Nickel.

Beschreiben

Beim Beschreiben gibst du Sachverhalte oder Zusammenhänge wieder. Die Antwort soll in ganzen Sätzen und in eigenen Worten formuliert sein. Es sind keine weiteren Informationen oder Erklärungen nötig.

2. Beschreibe, was geschieht, wenn du in einem Reagenzglas Zucker erhitzt.

Aufgabenlösung:
Der Zucker wird langsam flüssig. Zuerst ist er farblos. Später wird er hellbraun. Es riecht nach Karamellbonbons. Erhitzt man weiter, wird er zähflüssig und dunkelbraun.

Vergleichen

Beim Vergleichen stellst du Gemeinsamkeiten und Unterschiede gegenüber.

3. Vergleiche mithilfe einer Lupe grobkörniges Kochsalz mit Kräutersalz.

Aufgabenlösung:
Kochsalz besteht aus vielen gleich aussehenden weißen Körnchen. Kräutersalz enthält auch weiße Körnchen, außerdem kleine grüne, braune und orangefarbene Stückchen.

Erklären

Beim Erklären machst du Ursachen oder Zusammenhänge deutlich.

4. Erkläre, warum sich Metalle kühler anfühlen als Gegenstände aus Holz oder Kunststoff.

Aufgabenlösung:
Metalle leiten die Wärme unserer Haut sehr schnell weiter. Holz und Kunststoffe leiten Wärme schlecht.

Vermuten

Wenn du eine Vermutung anstellst, überlegst du dir, was für ein Ergebnis du erwartest; zum Beispiel bei einem Versuch.

5. Vermute, was geschieht, wenn man einen Glasstab einige Minuten in die Flamme eines Gasbrenners hält..

Aufgabenlösung:
Der Glasstab wird sehr heiß werden und vielleicht glühen. Er wird aber nicht verbrennen.

Erläutern

Beim Erläutern veranschaulichst du einen Sachverhalt durch zusätzliche Informationen, zum Beispiel mithilfe eines Beispiels.

6. Erläutere den Begriff der Stoff-umwandlung in der Chemie.

Aufgabenlösung:
Bei einer Stoffumwandlung entstehen aus vorhandenen Stoffen neue Stoffe mit anderen Eigenschaften.
Beim Brennen einer Kerze entstehen aus dem Wachs die Stoffe Kohlenstoffdioxid und Wasserdampf.

Planen (einen Versuch planen)

Überlege dir, wie du einen Versuch durchführen kannst, der eine bestimmte Fragestellung beantwortet.

7. Plane ein Experiment, mit dem du prüfen kannst, welche Stoffe den elektrischen Strom leiten.

Aufgabenlösung:
Dazu baut man einen einfachen elektrischen Stromkreis auf: Lämpchen, Batterie und drei Kabel genügen. Berühren die beiden Drahtenden einen Leiter, beginnt das Lämpchen zu leuchten.

Beurteilen

Beim Beurteilen prüfst du einen Sachverhalt und begründest deine Aussage. Deine eigene Meinung spielt dabei keine Rolle.

8. Wenn du Brausepulver in Wasser gibst, beginnt das Wasser zu sprudeln.
Beurteile, ob es sich hierbei um eine chemische Reaktion handelt.

Aufgabenlösung:
Wenn das Wasser sprudelt, wird ein Gas frei, das zuvor noch nicht da war. Es ist ein neuer Stoff entstanden. Deshalb handelt es sich um eine chemische Reaktion.

Bewerten, Stellung nehmen

Beim Bewerten prüfst du einen Sachverhalt und bildest dir dann eine eigene Meinung dazu. Begründe deine Meinung.

9. Um Kleidung aus Baumwolle herzustellen, benötigt man viel Wasser. Soll man deshalb keine Baumwollkleidung mehr kaufen, sondern nur noch Textilien, die aus Erdöl hergestellt werden?

Aufgabenlösung:
Erdölprodukte belasten die Umwelt und können in der Natur oft nicht abgebaut werden. Baumwolle dagegen ist ein Naturprodukt, das keine Müllprobleme verursacht. Ich werde weiter Baumwollkleidung tragen, auch weil es ein angenehmer Stoff ist. Wer Wasser sparen will, sollte seine Kleidung lange tragen oder gebrauchte Kleidung kaufen.

Chemie – ein neues Fach

Was unterscheidet den Chemieraum vom Klassenzimmer?

Ist Chemie gefährlich?

Worauf muss man beim Experimentieren achten?

Das Fach Chemie unterscheidet sich von anderen Schulfächern. Der Chemieraum sieht anders aus als ein gewöhnliches Klassenzimmer. Hier werden interessante Experimente gemacht, die dich vielleicht manchmal zum Staunen bringen.

Damit alles sicher ablaufen kann, gibt es im Chemieunterricht Regeln, die du beachten musst.

Und wenn du dich fragst, wo denn in deinem Alltag die Chemie eine Rolle spielt, dann kann man ganz einfach antworten:
Chemie ist überall!

Wo kommen eigentlich die vielen Farbstoffe her?

1 Farbstoffe kommen meistens aus der chemischen Industrie

Chemie ist überall

Farbstoffe sind ein typisches Produkt der chemischen Industrie. Ohne sie wäre unsere Welt längst nicht so bunt wie heute. Das zeigt die Geschichte des Farbstoffes Indigo.

Indigo – aus der Natur ins Labor

Indigo ist der blaue Farbstoff, mit dem Jeans gefärbt werden. Menschen nutzen ihn schon seit Tausenden von Jahren. Der begehrte Stoff war früher ein wertvolles Handelsgut auf der ganzen Welt. Man musste ihn nämlich sehr mühsam aus verschiedenen Pflanzen gewinnen. Deshalb war er knapp und teuer.

Das änderte sich, als es Chemikern zunächst gelang, den chemischen Aufbau des Farbstoffes zu entschlüsseln. Ab 1878 konnte man Indigo künstlich im Labor herstellen.
Heutzutage stellen chemische Fabriken im Jahr etwa 50 000 Tonnen davon her. Über eine Milliarde Jeans werden damit gefärbt.

2 Indigo, ein blauer Farbstoff

3 Blue Jeans mit Indigofarbstoff

Chemie, die Welt der Stoffe

Farbstoffe, Kunststoffe, Waschmittel, Arzneimittel, Eisen, Kupfer, Salz, Benzin, Gummibärchen, Luftballongas, Nagellack und noch viel mehr: Immer, wenn es darum geht, solche Stoffe herzustellen oder aus der Natur zu gewinnen, sind Chemiker daran beteiligt.
Mit dem Begriff **Stoff** meint man in der Chemie übrigens nicht den Kleiderstoff, sondern alle **Materialien**, aus denen Gegenstände bestehen. Eine Teetasse besteht aus dem Stoff Porzellan, ein Hammer aus den Stoffen Eisen und Holz. Auch Flüssigkeiten wie Wasser sowie Gase bezeichnen Chemiker als Stoffe.

Die Chemie beschäftigt sich mit der Herstellung, Gewinnung oder der Veränderung verschiedenster Stoffe und Produkte.
In der Chemie bezeichnet man die Materialien, aus denen Gegenstände bestehen, als Stoffe.

Chemie im Alltag

Chemische Produkte nutzen wir schon morgens, etwa Zahnpasta, Duschmittel oder Hautcreme. Unsere Kleidung enthält oft Kunstfasern, die nicht aus der Natur stammen. Die Jeans sind mit Indigo gefärbt. Fahrräder bestehen vor allem aus Eisen oder Aluminium, die mit chemischen Methoden gewonnen werden. Auch die vielen Stoffe in einem Smartphone gehören dazu. Wenn Kuchen oder Brote beim Backen aufgehen, appetitlich braun werden und angenehm duften, dann liegt das vor allem an chemischen Vorgängen.

Chemie im Leben

Ob Bäume wachsen oder sich der Kompost im Garten zersetzt: Chemie findet auch überall in der Natur statt. Wir selbst sind kleine chemische Fabriken. Denn beim Atmen, Verdauen oder wenn wir uns bewegen, laufen im Hintergrund ständig chemische Veränderungen ab. Das trifft auf alle Lebewesen zu. Ohne Chemie gäbe es kein Leben.

A Nenne mindestens fünf chemische Produkte in deiner Umgebung.

B Erläutere, was man in der Chemie unter einem Stoff versteht.

4 Chemische Produkte im Badezimmer

Material mit Aufgaben

M1 Stoffe im Alltag

A

B

C

D

E

F

1. ▌▌ Vergleiche den Begriff „Stoff" in der Chemie mit dem Begriff „Material" aus dem Alltag.

2. ▌▌ Erstelle eine Liste mit den Stoffen, die du in den Abbildungen A, B und C erkennst.

3. ▌▌ Erkläre, was die Vorgänge in den Abbildungen D, E und F mit Chemie zu tun haben. ✚

Was braucht man in einem Raum zum Experimentieren?

1 Der Chemieraum ist ein besonderer Fachraum

Der Chemieraum

2 **A** NOT-AUS-Schalter, **B** Augendusche

Sicherheitseinrichtungen

Im Chemieraum gibt es nicht nur Anschlüsse für Wasser, Strom und Gas. Mehrere Einrichtungen dienen der Sicherheit:

▸ **NOT-AUS-Schalter:** Diesen Schalter findet man neben den Türen und am Lehrerpult. Wird der rote Knopf gedrückt, werden alle Gas- und Stromleitungen im Raum sofort unterbrochen.
▸ **Löschmittel:** Ein kleiner Brand kann häufig mit einer Löschdecke oder einem Feuerlöscher gelöscht werden. Bei größeren Bränden muss man rasch die Feuerwehr rufen.
▸ **Augendusche:** Gelangt beim Experimentieren etwas ins Auge, kann man mit einer Augendusche schnell das Auge ausspülen.
▸ **Fluchtweg:** Das grüne Schild zeigt den Fluchtweg ins Freie.
▸ **Erste-Hilfe-Kasten:** In diesem Kasten findest du Verbandsmaterial für kleinere Verletzungen.

Sicher experimentieren

In Chemie wird oft experimentiert. Viele Experimente werden zu zweit oder in Gruppen durchgeführt. Damit jeder weiß, was er zu tun hat, sollten die Aufgaben vorher verteilt und besprochen werden. Um Unfälle zu vermeiden, müssen die Sicherheitsregeln und die Anweisungen der Lehrkraft eingehalten werden.

Nach dem Experimentieren muss jeder seinen Arbeitsplatz aufräumen. Die benutzten Geräte werden gespült und sauber zurückgestellt.

Sicherheitsregeln

▸ **Schutzbrille:** Grundsätzlich muss beim Experimentieren immer eine Schutzbrille getragen werden. Ausnahmen regelt die Lehrkraft.

▸ **Haare zusammenbinden:** Beim Umgang mit offenen Flammen müssen lange Haare zusammengebunden werden.

▸ **Versuchsaufbau:** Der Aufbau muss auf einer festen Unterlage in sicherer Entfernung zur Tischkante stehen.

▸ **Wärmequellen:** Wärmequellen müssen sicher auf einer festen, nicht brennbaren Unterlage stehen. Brennbare Materialien dürfen nicht in der Nähe sein.

▸ **Nicht essen:** Im Fachraum darf man nicht essen oder trinken. Man darf auch keine Lebensmittel offen herumstehen lassen. Geschmacksproben sind verboten.

▸ **Entsorgung:** Abfälle werden in besonderen Gefäßen gesammelt oder auf Anweisung der Lehrkraft in den Ausguss oder Mülleimer gegeben.

A Erstelle einen einfachen Grundriss deines Chemieraums. Trage die im Text beschriebenen Sicherheitseinrichtungen ein.

B Kennzeichne dann auf der Skizze deinen Platz und den kürzesten Weg zum Fluchtausgang.

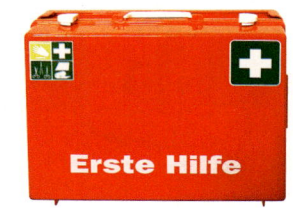

3 **A** Schild: Fluchtweg, **B** Erste-Hilfe-Kasten

Material mit Aufgaben

M1 **Arbeiten im Fachraum**

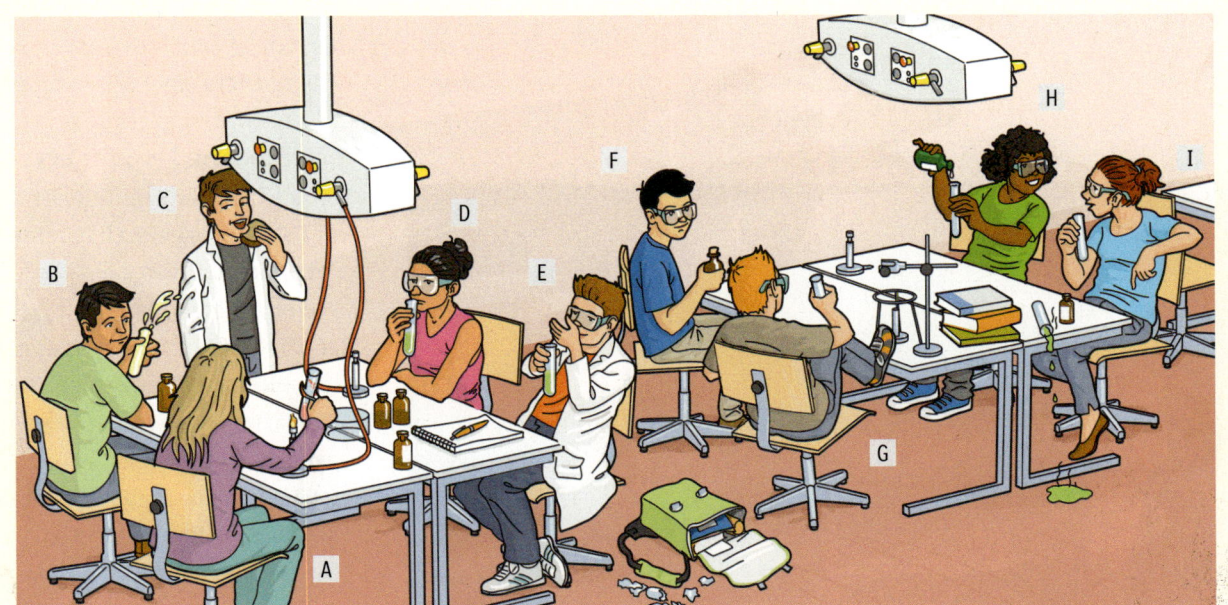

1. ▌▌ Notiere, was im Bild oben alles falsch gemacht wird. ✚

2. ▌▌ Erkläre, warum es wichtig ist, diese Regeln zu beachten.

3. ▌▌ Überlege, welche Person in diesem Fachraum fehlt.

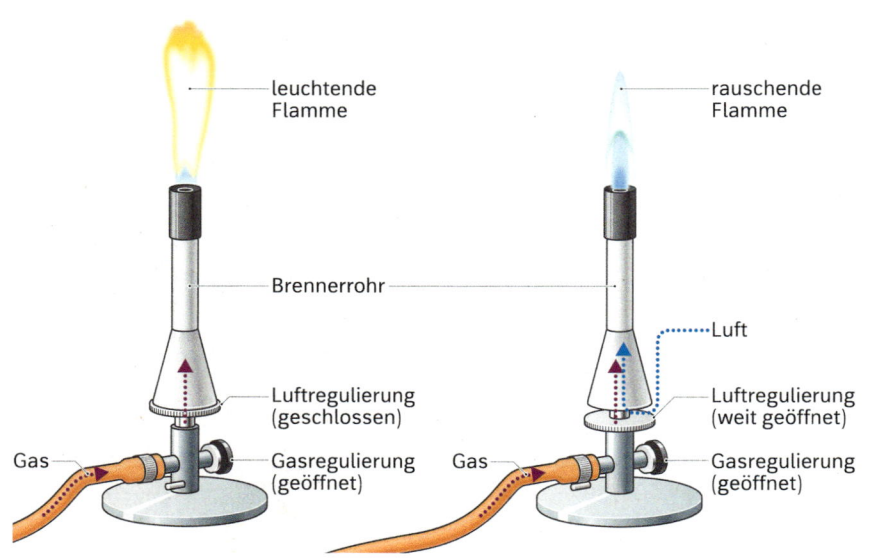

1   Aufbau eines Gasbrenners

Aufbau des Gasbrenners

Der obere Teil des Brenners besteht aus dem Brennerrohr und der Einstellschraube zur Luftregulierung. Gegenüber vom Schlauchanschluss befindet sich eine Schraube oder ein Hebel zur Gasregulierung.

Den Gasbrenner in Betrieb nehmen

Halte einen Gasanzünder bereit (oder Streichhölzer oder ein Feuerzeug).

▸ Schließe den Brenner mit dem Schlauch an den Gashahn am Tisch an. Luft- und Gaszufuhr am Brenner müssen geschlossen sein.

▸ Öffne dann die Gaszufuhr am Tisch. Halte den Gasanzünder über das Brennerrohr und öffne am Brenner ein wenig die Gaszufuhr. Entzünde das ausströmende Gas sofort.

▸ Stelle jetzt mit der Einstellschraube für die Luftzufuhr den gewünschten Flammentyp ein.

Ein wichtiges Werkzeug im Chemieunterricht ist der Gasbrenner. Du musst immer vorsichtig mit ihm umgehen, denn bei offenen Flammen besteht Brandgefahr. Wenn sich Gas im Raum ansammelt, kann es mit Luft ein explosives Gemisch bilden.

Damit du sicher mit dem Brenner umgehen kannst, musst du ihn gut kennenlernen.

Verschiedene Flammentypen

▸ Ist die Luftzufuhr ganz geschlossen, siehst du eine gelblich **leuchtende Flamme** (Abb. 2A).

▸ Wird die Luftzufuhr etwa zur Hälfte geöffnet, siehst du eine **blaue, nicht leuchtende Flamme** (Abb. 2B). Mit dieser FLamme wird meistens gearbeitet.

▸ Ist die Luftzufuhr ganz geöffnet, hörst du ein Rauschen (Abb. 2C). Diese **rauschende Flamme** ist sehr heiß.

Je mehr Luft der Brenner bekommt, desto heißer ist die Flamme.

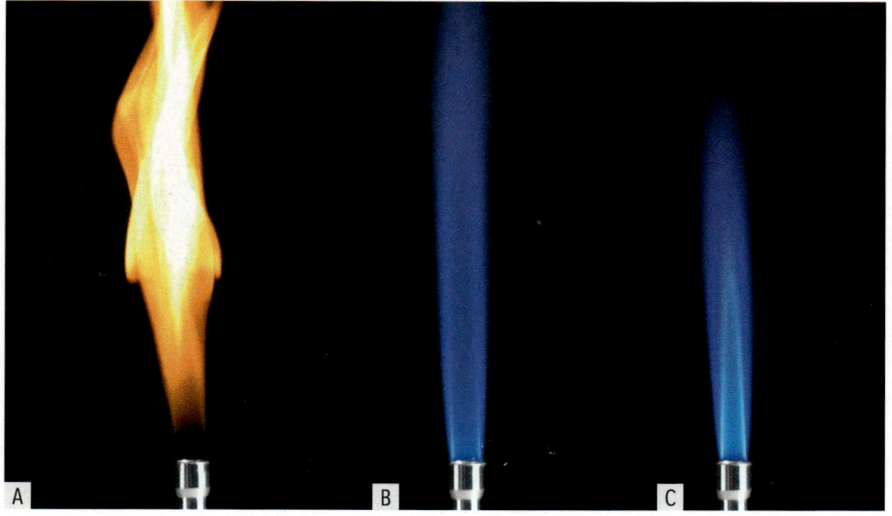

2   Brennerflammen: **A** leuchtende Flamme, **B** nicht leuchtende Flamme, **C** rauschende Flamme

Achtung: Ist die Gaszufuhr zu gering oder die Luftzufuhr zu stark, kann die Flamme ins Innere des Brennerrohres zurückschlagen und innen weiterbrennen. Der Brenner wird dabei sehr heiß. Es besteht die Gefahr, dass der Schlauch sich entzündet.
Falls die Flamme zurückschlägt, muss die Gaszufuhr sofort geschlossen werden, damit die Flamme erlischt. Der Brenner muss dann erst wieder abkühlen, bevor man ihn wieder einsetzen darf.

Die Brennerflamme löschen
Nach dem Experimentieren muss die Brennerflamme gelöscht werden.
Du darfst die Brennerflamme aber nie einfach auspusten!

▸ Schließe zunächst die Luftzufuhr am Brenner, dann die Gaszufuhr.
▸ Erst dann schließt du den Gashahn am Tisch.

Denke daran, dass der obere Teil des Brenners sehr heiß sein kann, selbst wenn die Flamme schon eine Weile nicht mehr brennt.

A Beschreibe, welche Gefahren beim Umgang mit dem Gasbrenner bestehen.
B Erkläre, weshalb es wichtig ist, vor dem Öffnen der Gaszufuhr den Gasanzünder bereits in der Hand zu haben.

Material mit Aufgaben

P1 Wasser im Reagenzglas erhitzen

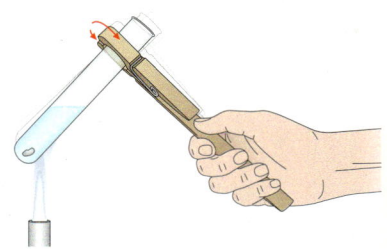

Material: Gasbrenner, Reagenzglas, Reagenzglashalter, Reagenzglasgestell, Siedesteinchen, Wasser

Durchführung: Fülle das Reagenzglases etwa 3 cm hoch mit Wasser. Gib 1–2 Siedesteinchen dazu, damit das Wasser nicht schlagartig herausspritzt (Siedeverzug).

▸ Entzünde die Brennerflamme. Halte das Reagenzglas mit dem Reagenzglashalter etwas schräg in die nicht leuchtende Flamme.
▸ Achte darauf, dass die Öffnung nicht in Richtung auf dich oder andere Personen zeigt.
▸ Schüttle das Reagenzglas ein wenig und bewege es in der Flamme, damit alles gleichmäßig erwärmt wird.
▸ Beende das Erhitzen, sobald Bläschen aufsteigen. Lösche die Brennerflamme.
▸ Stelle das heiße Reagenzglas zum Abkühlen in einen Reagenzglasständer.

M2 Erhitzen im Becherglas

Man kann Stoffe auch in einem Becherglas erhitzen.

1. Schreibe auf, welche Gerätschaften man dafür benötigt.
2. Nenne Vorteile dieser Methode gegenüber dem Erhitzen im Reagenzglas.
3. Finde auch Nachteile für diese Methode.
4. Begründe, wann man Stoffe besser im Becherglas erhitzt statt im Reagenzglas.
5. Finde heraus, welche Stoffe man weder mit dieser noch mit der Methode oben erhitzen darf.

Erhitzen im Becherglas

Laborgeräte richtig verwenden

1 Typische Laborgeräte in der Chemie

Die wichtigsten Laborgeräte

Reagenzgläser und **Bechergläser** werden in der Schule oft verwendet. Es gibt sie in verschiedenen Größen. Sie eignen sich für feste und flüssige Stoffe. Man kann darin Stoffe mischen und erhitzen.
Der **Reagenzglashalter** aus Holz sieht aus wie eine große Wäscheklammer. Damit kannst du Reagenzgläser halten, ohne dir die Finger zu verbrennen.
Zum Abstellen der Reagenzgläser kannst du ein **Reagenzglasgestell** verwenden.
Mit einer **Feinwaage** lassen sich Stoffe genau abwiegen. Sie hat meistens eine elektronische Anzeige.
Mit einem **Messzylinder** lassen sich Flüssigkeiten genau abmessen. Es gibt sie in verschiedenen Größen.
Erlenmeyerkolben haben eine schmalere Öffnung als Bechergläser. Daher spritzt eine Flüssigkeit nicht gleich heraus, wenn man das Glas schwenkt, um zum Beispiel etwas darin zu lösen.
Mit einem **Spatel** aus Metall kannst du kleine Mengen eines Feststoffes aus einem Vorratsgefäß entnehmen.

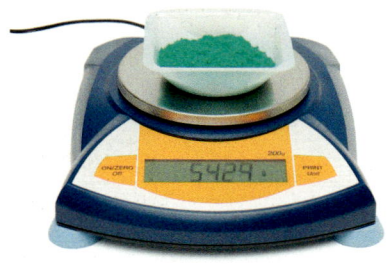

2 Labor-Feinwaage

Achtung, Glas

Bei chemischen Experimenten brauchst du bestimmte Laborgeräte. Sie sind meistens aus Glas, also zerbrechlich. Man muss vorsichtig mit ihnen umgehen.
Falls beim Experimentieren etwas kaputt geht, solltest du der Lehrkraft Bescheid geben. Man kann sich nämlich leicht an den Glasscherben verletzen.

A Erkläre, worauf du achten sollst, wenn du experimentierst.

B Beschreibe, welche Geräte du brauchst, wenn du 5 g Kochsalz in 80 Milliliter Wasser lösen sollst.

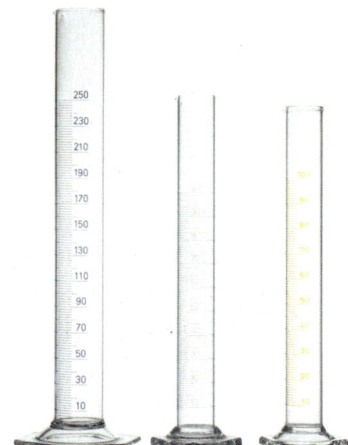

3 Messzylinder

4 Erlenmeyerkolben (links mit Glasstab)

5 Spatel und Spatellöffel

Material mit Aufgaben

M1 Laborgeräte kennenlernen

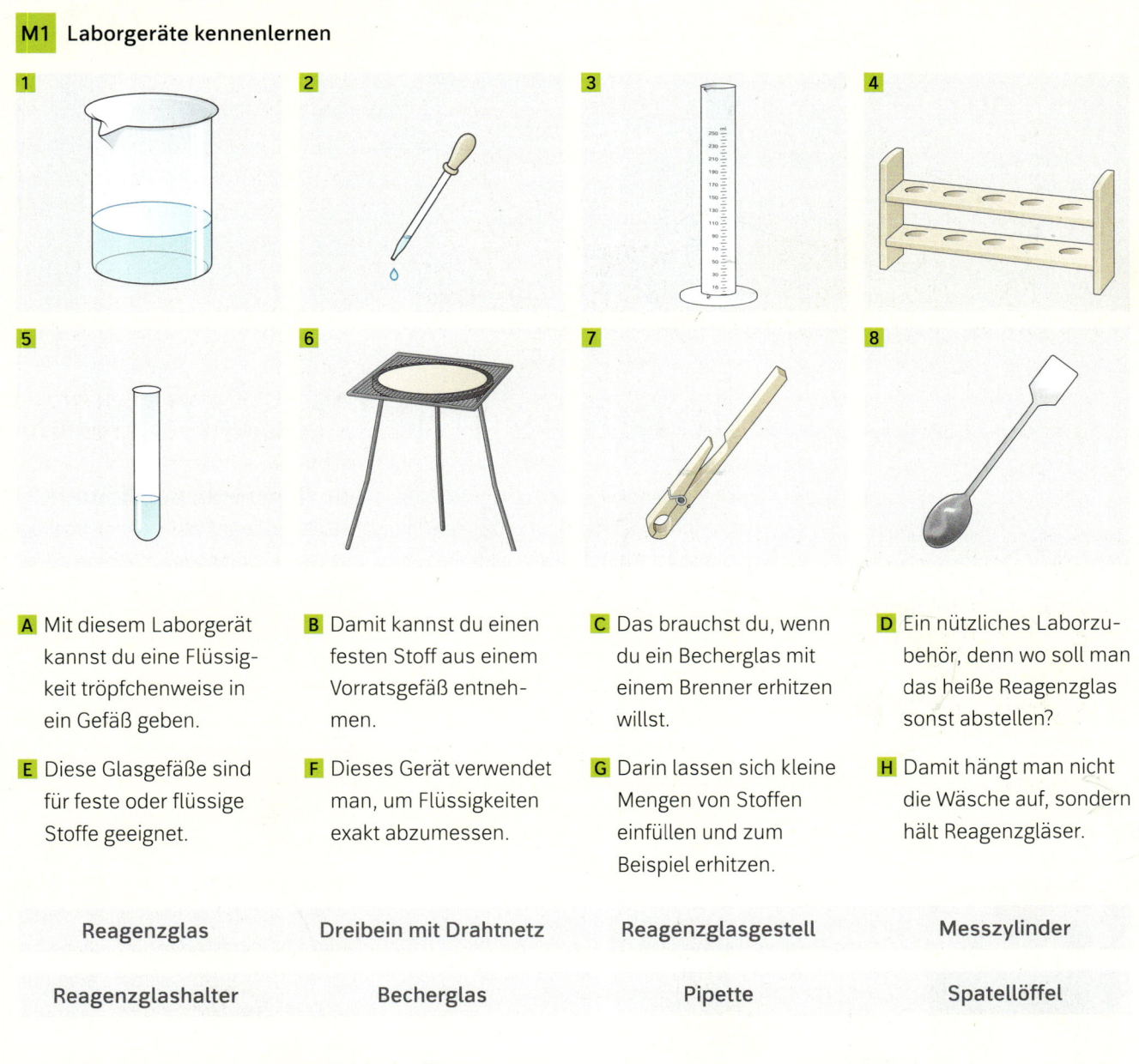

A Mit diesem Laborgerät kannst du eine Flüssigkeit tröpfchenweise in ein Gefäß geben.

B Damit kannst du einen festen Stoff aus einem Vorratsgefäß entnehmen.

C Das brauchst du, wenn du ein Becherglas mit einem Brenner erhitzen willst.

D Ein nützliches Laborzubehör, denn wo soll man das heiße Reagenzglas sonst abstellen?

E Diese Glasgefäße sind für feste oder flüssige Stoffe geeignet.

F Dieses Gerät verwendet man, um Flüssigkeiten exakt abzumessen.

G Darin lassen sich kleine Mengen von Stoffen einfüllen und zum Beispiel erhitzen.

H Damit hängt man nicht die Wäsche auf, sondern hält Reagenzgläser.

Reagenzglas	Dreibein mit Drahtnetz	Reagenzglasgestell	Messzylinder
Reagenzglashalter	Becherglas	Pipette	Spatellöffel

Ihr könnt die folgende Aufgabe allein oder auch in Gruppen bearbeiten. Als kleinen Wettbewerb könnt ihr testen, wer die meisten Treffer hat oder wer die Aufgabe am schnellsten gelöst hat.

1. ▮▮ Lies zuerst einen der Texte. Suche anschließend bei den Abbildungen, um welches Laborgerät es sich handeln könnte. Ordne zuletzt den passenden Fachbegriff zu. ✚

Schreibe deinen Lösungsvorschlag auf; erst der Name des Geräts, dann die zugehörige Bildnummer und dann der Buchstabe des Textes. Mache es bei den folgenden Beispielen genauso.

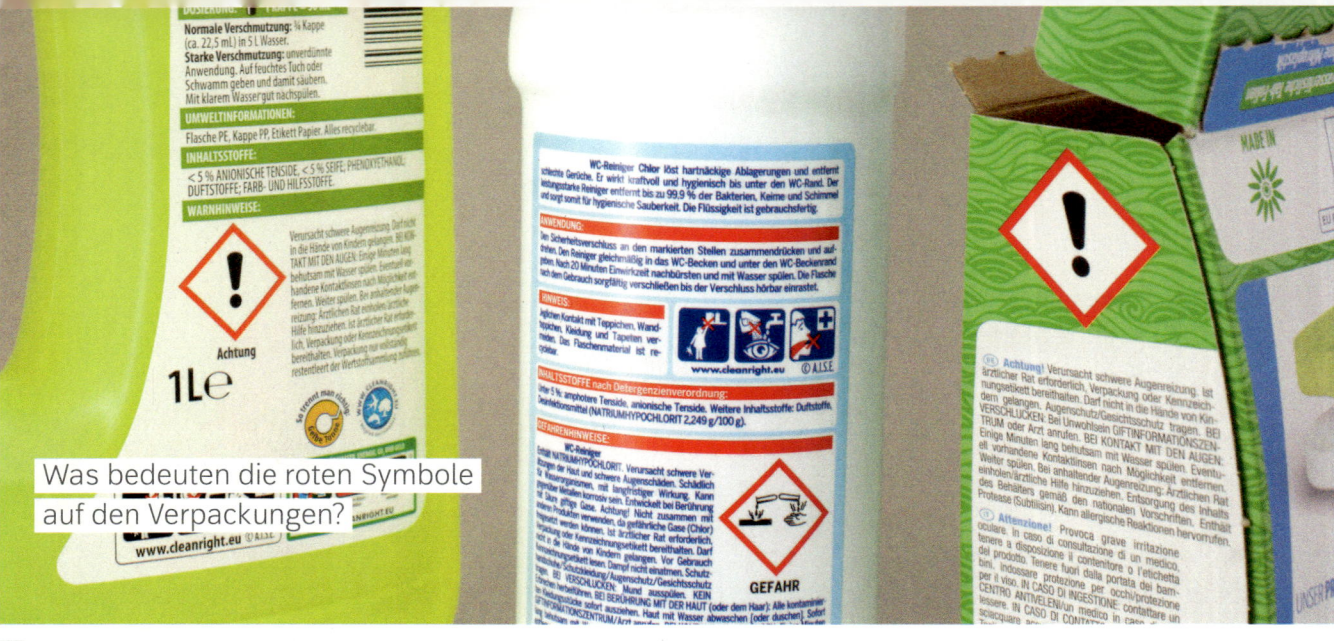

Was bedeuten die roten Symbole auf den Verpackungen?

1 Gefahren-Piktogramme auf Haushalts-Chemikalien

Umgang mit Chemikalien

Vielleicht sind dir im Alltag schon die rot umrandeten Symbole auf verschiedenen Haushalts-Chemikalien aufgefallen. Man nennt sie **Gefahren-Piktogramme**. Diese Symbole kennzeichnen Mittel, die Gefahrstoffe enthalten. Gefahrstoffe können die Gesundheit gefährden und die Umwelt schädigen.

Wo findet man Gefahrstoffe?

Gefahrstoffe gibt es im Labor, aber auch zu Hause; zum Beispiel in Wasch- und Reinigungsmitteln, in Spraydosen, Nagellackentferner, Benzin, Farben, Pinselreiniger usw.

Wenn du mit solchen Mitteln umgehst, solltest du stets die Hinweise auf dem Etikett lesen und beachten.

Gefahren-Piktogramme

Es gibt insgesamt neun verschiedene Piktogramme. Jedes zeigt eine andere Gefahr an. So kann ein Stoff entzündbar sein oder giftig, oder auch umweltgefährdend. Die Piktogramme sind nummeriert; deshalb kann man sie leicht abkürzen, z. B. mit GHS01.

GHS ist die englische Abkürzung für diese Gefahrenkennzeichnung. Sie gilt in jedem Land der Welt.

Das Wort **„Gefahr"** auf dem Etikett weist auf schwerwiegende Gefahren hin. Das Wort **„Achtung"** weist auf weniger schwere Gefahren hin.

Waschbenzin

Gefahr

Gefahrenhinweise (Auszug):
H225   Flüssigkeit und Dampf leicht entzündbar.
H304   Kann bei Verschlucken und Eindringen in die Atemwege tödlich sein.
H315   Verursacht Hautreizungen.

Sicherheitshinweise (Auszug):
P210   Von Hitze/Funken/offener Flamme/heißen Oberflächen fernhalten.
P261   Einatmen von Staub/Rauch/Gas/Nebel/Dampf Aerosol vermeiden.
P273   Freisetzung in die Umwelt vermeiden.

2 Waschbenzin löst Flecken von Fett, Motoröl und Teer und ist ein Verdünner für Lacke

Sicherheits- und Gefahrenhinweise

Zusätzlich gibt es noch **Gefahrenhinweise** (H-Sätze). Sie beschreiben Gefahren, die von dem Stoff ausgehen. Die **Sicherheitshinweise** (P-Sätze) geben an, wie mit dem Stoff umzugehen ist.

Regeln zum sicheren Experimentieren mit Chemikalien

▸ Chemikalien darfst du nicht mit den Fingern berühren. Verwende stets einen Spatel. Geschmacksproben sind natürlich verboten.

▸ Chemikalienreste sollen nicht in die Vorratsgefäße zurückgeben werden. Sie könnten verunreinigt sein.

▸ Chemikalien dürfen nicht in Gefäßen aufbewahrt werden, die sonst für Lebensmittel benutzt werden.

▸ Arbeite stets mit möglichst wenig Chemikalien oder so, wie es in der Anleitung angegeben ist.

▸ Reste und Abfälle von Chemikalien werden oft speziell entsorgt. Haltet euch an die Hinweise der Lehrkraft.

Gefahrstoffe sind durch Gefahren-Piktogramme gekennzeichnet.
Die Regeln zum sicheren Experimentieren müssen eingehalten werden.

A Nenne einige Produkte, die Gefahrstoffe enthalten können.

B Erkläre, welcher Stoff gefährlicher ist; der mit dem Signalwort „Achtung" oder der mit dem Signalwort „Gefahr" auf dem Etikett.

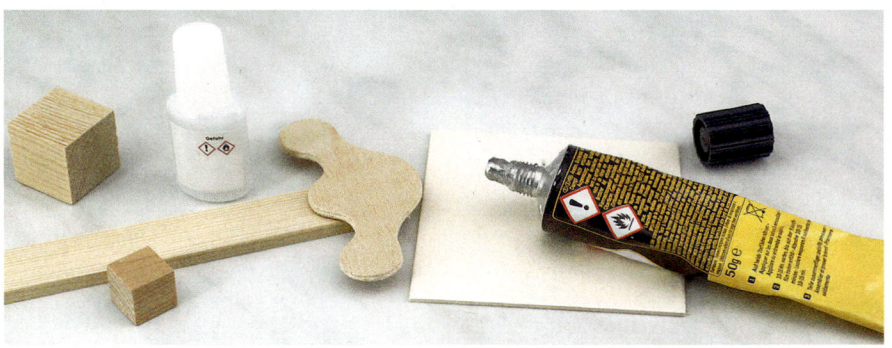

3 Gefahren-Piktogramme bei Klebstoff

Material mit Aufgaben

M1 Gefahrstoffe im Alltag

1. ▯▯ Schreibe die Bedeutung der Piktogramme GHS02, GHS05 und GHS09 auf.

2. ▯▯ Nenne die Bedeutung der Symbole auf den Reinigungsmitteln auf der linken Buchseite (oben).

3. ▯▯ Erkläre, weshalb man Chemikalien im Haushalt und im Labor nie in Behälter füllen darf, die sonst für Lebensmittel verwendet werden. ✚

4. ▯▯▯ Ein Fensterputzmittel enthält neben den reinigenden Inhaltsstoffen einen bitter schmeckenden Stoff. Vermute, warum das gemacht wird.

GHS01
explosiv

GHS02
entzündlich

GHS03
brandfördernd

GHS04
komprimerte Gase

GHS05
ätzend

GHS06
giftig

GHS07
reizend

GHS08
gesundheitsschädlich

GHS09
umweltschädlich

Wie kommen Forscherinnen und Forscher zu neuen Erkenntnissen?

1 Arbeiten in einem Forschungslabor

So arbeiten Forscher

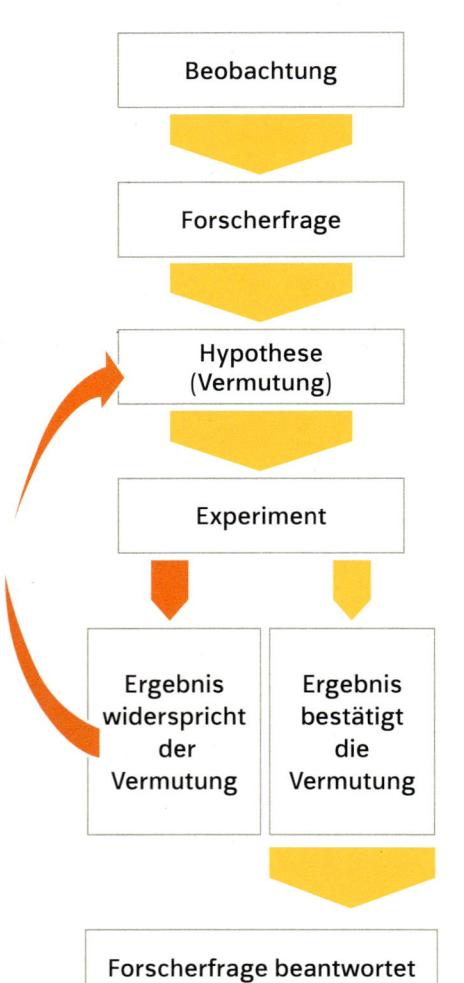

2 Weg der Erkenntnis

Um zu neuen Erkenntnissen in den Naturwissenschaften zu kommen, gibt es einen ganz bestimmten Weg ...

Von der Beobachtung zur Hypothese

Am Anfang steht meistens eine Beobachtung. Das kann eine Beobachtung aus der Natur sein oder aus dem Alltag. Aus dieser Beobachtung ergeben sich oft Fragen. Diese Fragen möchte ein Naturwissenschaftler lösen. Dazu stellt man verschiedene Überlegungen an. Welche Idee ist am wahrscheinlichsten? Schließlich entscheidet man sich für eine bestimmte Vermutung, eine so genannte Hypothese.

Von der Hypothese zur Erkenntnis

Die Hypothese muss nun geprüft werden – meistens durch ein **Experiment**. Bestätigt das Ergebnis des Experiments die Hypothese, dann hat man eine **neue Erkenntnis** gewonnen.

Viele Hypothesen erweisen sich als falsch

Stimmt das Ergebnis des Experiments nicht mit der Hypothese überein, muss man eine neue Hypothese finden.

Doch jeder Irrtum ist auch ein Schritt hin zur Lösung, weil man dann eine bestimmte Vermutung ausschließen kann.

Auch eine neue Hypothese muss dann durch ein Experiment überprüft werden.

Naturwissenschaftler machen eine Beobachtung oder stellen eine Frage.
Sie formulieren eine Vermutung und prüfen sie durch ein Experiment.
Bestätigt das Ergebnis die Vermutung, ist die Frage beantwortet.
Falls nicht, muss eine neue Vermutung gefunden werden.

A Erkläre das Fremdwort Hypothese.
B Erläutere, wie man eine Hypothese überprüft.

Material mit Aufgaben

Forschen im Alltag

Eine interessante Beobachtung

Marie hat keine Lust, die Suppe zu essen, sie meckert: „...iih, was sind denn das für runde Dinger auf der Suppe?" „Na das sind doch bloß kleine Fett-Tröpfchen. Die schwimmen oben, weil Fett leichter als Wasser ist; das ist ganz normal. Man sagt übrigens auch Fettaugen dazu.

Aber nun iss doch endlich, die Suppe ist gesund. Da sind Kartoffeln, Möhren, Lauch und Kräuter drin".

Doch Marie ist etwas aufgefallen: „Die runden Fettaugen haben viel mehr Farbe als der Rest der Suppe. Das ist doch komisch ..."

Eine Vermutung ...

Marie fragt ihre Mutter, warum die Fett-Tröpfchen dunkler orange aussehen als die restliche Suppe. Sie antwortet: „Ist das wirklich so?

Ich weiß es nicht. Vielleicht hat es mit den Möhren zu tun? Denn die sind doch auch orangefarben."
Marie denkt nach...: „Stimmt, von den Kartoffeln und den grünen Kräutern wird die orange Farbe wohl nicht herkommen."

Marie vermutet, dass die orange Farbe der Fett-Tröpfchen von den Möhren stammt. Aber ob es wirklich so ist und warum das so ist, das weiß sie nicht. Sie beschließt, ein Experiment zu machen.

Ein Experiment hilft weiter

Marie schneidet ein Stück einer Möhre in kleine Stücke und gibt diese in ein leeres Marmeladenglas. In das Glas füllt sie etwas heißes Wasser und ein wenig Pflanzenöl. Dann rührt sie ein bis zwei Minuten gut um. Zum Schluss gibt sie noch etwas kaltes Wasser darauf.

Und tatsächlich: Oben schwimmt Fett mit gelborangem Farbton. Die wässrige Schicht darunter ist dagegen farblos.
Damit ist die Frage geklärt:
Die Fettaugen auf der Suppe sind orange, weil das Fett den roten Farbstoff aus den Möhren herausgelöst hat. In Wasser dagegen löst sich der orange Farbstoff nicht. Dieses Problem hat Marie also gelöst.

1. ▌▌ Notiere die Stichworte aus der Abb. 2 (links). Schreibe zu jedem Begriff dazu, was aus Maries Geschichte dazu passt. ➕

2. ▌▌▌ Der orange Farbstoff in Möhren ist sehr gesund. Ein Tipp zur gesunden Ernährung lautet, dass man Möhren immer mit etwas Fett zubereiten soll.
Vermute, warum man diesen Rat gibt.

Das Versuchsprotokoll

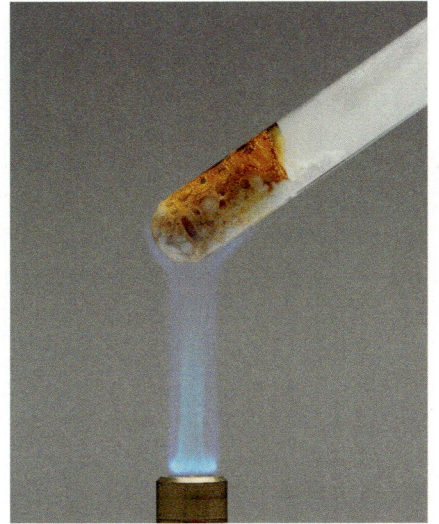

1 Zucker wird erhitzt

In der Wissenschaft ist es üblich, den Verlauf und die genauen Bedingungen eines Versuchs festzuhalten. So kann er auch von anderen Forschern wiederholt und überprüft werden.

Auch in der Schule ist ein **Versuchsprotokoll** sinnvoll. Hier stehen übersichtlich alle wichtigen Details eines Versuchs. So kannst du später genau nachvollziehen, wie du zu deinem Ergebnis gekommen bist.

Schreibtipps für ein Protokoll

▸ Ein Protokoll enthält das Wichtigste in Kürze. Du sollst also keine Aufsätze schreiben.

▸ Orientiere dich an dem Beispiel auf der rechten Buchseite oder verwende das Muster deiner Lehrkraft.

▸ Schreibe stets in der Gegenwartsform.

▸ Formuliere immer sachlich und verwende Fachbegriffe.

Durchführung

Beispiele für Verben:

abwiegen, abmessen, abgießen, einfüllen, umrühren, schütteln, erhitzen, verreiben, zerkleinern...
Durch passende Worte eine zeitliche Reihenfolge deutlich machen:
Zuerst, zunächst, dann, danach, anschließend, später, zum Schluss...

Beobachtung

Beispiele:

Man kann sehen, dass ... . Man kann riechen, hören, fühlen, bemerken, feststellen, erkennen...
Die Temperatur steigt an, fällt, bleibt gleich...
Die Lösung wird rot, blau, grün...
Es entstehen Gasbläschen...
Es entsteht ein Niederschlag...

Auswertung

Erkläre oder deute deine Ergebnisse:

Das ist so, weil...
Da die Temperatur gestiegen ist, ...
Der Grund dafür ist, dass...
Die Ursache dafür ist...
Die Erklärung dafür ist...
Aus der Beobachtung kann man schließen, dass...
Wenn man ... erhitzt, dann...

2 Beispiele für mögliche Formulierungen in einem Protokoll

Material mit Aufgaben

M1 Versuchsprotokoll

1. ▌▌▌ Lies das Protokoll und beurteile: Könntest du den Versuch mit diesen Informationen selbst durchführen?

2. ▌▌ Führe den Versuch mit Zucker und mit Salz durch. Vergleiche die Stoffe. Erstelle ein Protokoll. ✚

11.9.2021

Ayse Günal
Jan Meyer

Versuch:
Was geschieht, wenn Zucker erhitzt wird?

Material:
Gasbrenner, Gasanzünder, Reagenzglas, Reagenzglashalter, Reagenzglasgestell, Spatel, Zucker

Versuchsaufbau:

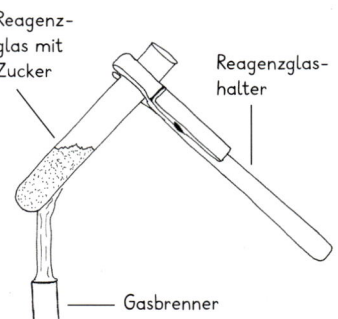

Reagenz-
glas mit
Zucker

Reagenzglas-
halter

Gasbrenner

Durchführung:
Der Zucker wird mit dem Spatel in das Reagenzglas gefüllt, etwa 3 cm hoch. Dann wird das Reagenzglas mit dem Zucker in die Brennerflamme gehalten und hin und her geschwenkt.

Beobachtung:
Der Zucker wird langsam flüssig. Zunächst ist er noch farblos und dünnflüssig. Später wird er hellbraun. Es riecht nach Karamellbonbons. Erhitzt man weiter, wird er zähflüssig und dunkelbraun. Dann sollten wir den Versuch beenden.

Auswertung:
Zucker wird zunächst flüssig, wenn man ihn erhitzt. Später ändern sich Farbe und Geruch. Er wird braun und es riecht nach Karamellbonbons. Durch das Erhitzen kann man Zucker also verändern. Aus dem weißen Zucker wird ein anderer Stoff.

Name und Datum
Bitte eintragen.

Thema oder Fragestellung
Hier steht das Thema des Versuchs oder eine Frage, die durch den Versuch beantwortet werden soll.

Material
Nenne erst alle Geräte, die du brauchst, dann die Chemikalien.

Versuchsaufbau
Erstelle eine einfache Skizze mit Beschriftung.

Versuchsdurchführung
Beschreibe in der richtigen Reihenfolge, was du gemacht hast.

Beobachtung
Schau ganz genau hin und notiere alles, was dir aufgefallen ist. Hier kannst du auch Messergebnisse festhalten oder eine Tabelle erstellen.

Auswertung
Werte deine Beobachtungen oder Messergebnisse aus, erkläre sie. Was hat der Versuch ergeben? Kannst du die Fragestellung beantworten?

Chemie, die Welt der Stoffe

Die Chemie beschäftigt sich mit der Gewinnung, Herstellung oder der Veränderung von Stoffen und Produkten. Stoffe sind die Materialien, aus denen Gegenstände bestehen.

Chemie ist überall

Alles um uns herum besteht aus chemischen Stoffen. Wir selbst bestehen aus sehr vielen unterschiedlichen Stoffen. In allen Lebewesen laufen ständig chemische Vorgänge ab.

Der Chemieraum

Im Chemieraum gibt es besondere Einrichtungen, die der Sicherheit dienen: NOT-Aus-Schalter, Löschmittel, Augendusche und der Erste-Hilfe-Kasten.

Die Laborordnung

Es ist wichtig, dass die Regeln für sicheres Experimentieren eingehalten werden, zum Beispiel:

▸ Grundsätzlich Schutzbrille tragen
▸ Beim Arbeiten mit offenen Flammen lange Haare zusammenbinden
▸ Wärmequellen müssen auf einer festen, nicht brennbaren Unterlage stehen
▸ Abfälle sammeln und fachgerecht entsorgen lassen
▸ Im Fachraum nicht essen oder trinken
▸ Sicherheitseinrichtungen und Fluchtwege kennen

Der Gasbrenner

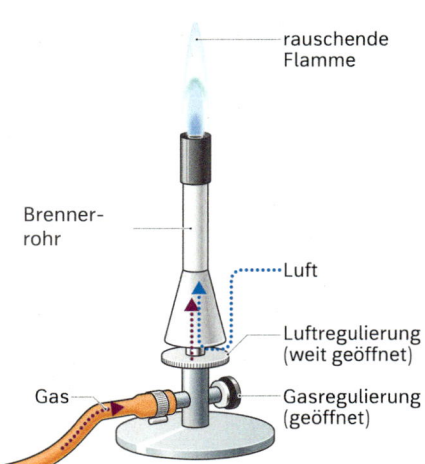

rauschende Flamme

Brenner-rohr

Luft

Luftregulierung (weit geöffnet)

Gas

Gasregulierung (geöffnet)

Gasbrenner werden oft eingesetzt, um Stoffe zu erhitzen. Beachte die Reihenfolge der Arbeitsschritte beim Entzünden und Löschen der Flamme. Brennerflammen dürfen nie ausgepustet werden.

Laborgeräte

Laborgeräte bestehen meistens aus Glas. Man muss deshalb vorsichtig mit ihnen umgehen.

Chemikalien im Labor

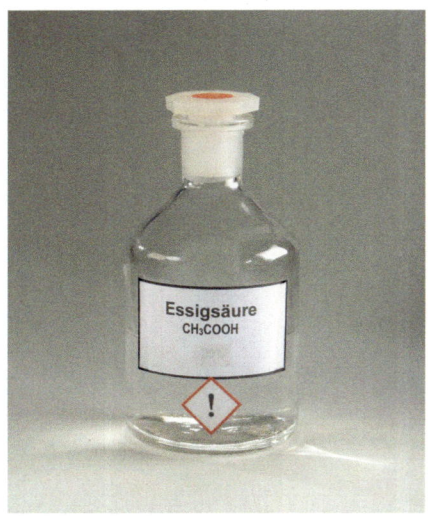

Essigsäure
CH_3COOH

Die Regeln zum sicheren Umgang mit Stoffen im Labor müssen eingehalten werden.
Gefahrstoffe im Labor und zu Hause sind durch Gefahren-Piktogramme gekennzeichnet.

So arbeiten Naturwissenschaftler

Naturwissenschaftler machen eine Beobachtung oder stellen eine Frage.
Sie formulieren eine Vermutung und prüfen sie durch ein Experiment.
Bestätigt das Ergebnis die Vermutung, ist die Frage beantwortet. Falls nicht, muss eine neue Vermutung gefunden werden.

Das Versuchsprotokoll

Ein Protokoll enthält das Wichtigste eines Versuchs in übersichtlicher Form. Damit kann man später genau nachvollziehen, wie man zu einem Ergebnis gekommen ist.

1 Stoffe

A ▮▮ Ordne zu, welche Begriffe Stoffe sind und welche Gegenstände: Kerze, Glas, Kunststoff, Holz, Messer, Eisen, Stuhl, Kupfer, Münze.

B ▮▮ Nenne jeweils zwei unterschiedliche Stoffe, aus denen diese Gegenstände bestehen können: Gießkanne, Löffel, Flasche, Teller.

C ▮▮ Ein Gegenstand ist oft aus mehreren Stoffen aufgebaut. Nenne alle Stoffe, die in der Regel bei einem Fahrrad verwendet werden.

2 Was macht die Chemie?

Die Chemie beschäftigt sich mit der Gewinnung und der Veränderung von Stoffen sowie mit der Herstellung von Produkten. Gib an, welche Beispiele zu dieser Erklärung passen:

A ▮▮ Tabletten herstellen, Blumen züchten, einen Kompass bauen, ein Buch drucken, ein Instrument spielen, Zahnpasta herstellen.

B ▮▮ Einen Elektromotor bauen, einen bestimmten Stoff aus einer Pflanze gewinnen, Lebensmittel auf schädliche Stoffe untersuchen, einen Farbstoff herstellen.

3 Im Labor

A ▮▮ Nenne vier Sicherheitseinrichtungen in einem Chemieraum.

B ▮▮ Erkläre den NOT-AUS-Schalter.

C ▮▮ Begründe, weshalb man beim Erhitzen von Flüssigkeiten Siedesteinchen verwenden soll.

D ▮▮ Begründe das Verbot, im Chemieraum zu essen oder zu trinken.

4 Der Gasbrenner

A ▮▮ Nenne die drei Flammentypen eines Gasbrenners.

B ▮▮ Beschreibe, wie du mit Hilfe der Einstellschrauben am Brenner unterschiedliche Temperaturen erreichen kannst.

C ▮▮ Erkläre, was zu beachten ist, wenn man eine Flüssigkeit im Reagenzglas erhitzt. Beurteile, ob diese Schüler alles richtig machen.

5 Laborgeräte

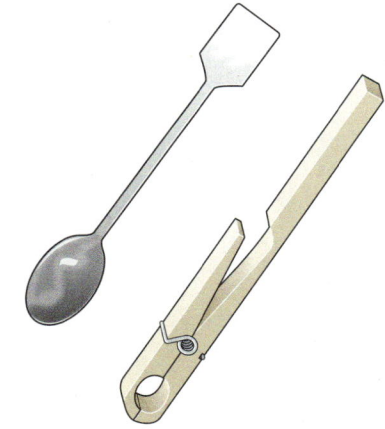

A ▮▮ Nenne die Namen dieser Geräte und wofür sie verwendet werden.

B ▮▮ Mit welchem Laborgerät kannst du 100 ml Wasser möglichst genau abmessen?

6 Gefahrstoffe

A ▮▮ Beschreibe, wie man Produkte mit Gefahrstoffen erkennt.

B ▮▮ Ein Geschirrspülmittel trägt das Piktogramm GHS07 und das Signalwort Achtung. Waschbenzin hat die Piktogramme GHS02, 07, 08, 09 und das Signalwort Gefahr. Vergleiche die beiden Produkte.

C ▮▮ Erkläre, wie du eine Flüssigkeit mit dem Piktogramm GHS02 auf 80 °C erwärmen könntest.

7 Der Weg der Erkenntnis

A ▮▮ Die Erkenntnisse in den Naturwissenschaften gewinnt man meistens auf einem ganz typischen Weg. Beschreibe die Schritte Beobachtung – Frage – Vermutung.

B ▮▮ Auf welche Weise überprüft man eine Vermutung (Hypothese)?

C ▮▮ Erkläre, was ist, wenn ein Ergebnis die Vermutung nicht bestätigt.

8 Das Protokoll

A ▮▮ Bringe diese Schritte eines Protokolls in die richtige Reihenfolge: Beobachtung – Material – Auswertung – Versuchsdurchführung – Thema/Fragestellung – Versuchsaufbau – Name/Datum.

B ▮▮ Begründe, weshalb Protokolle wichtig sind.

Wie kann man die Eigenschaften von Stoffen untersuchen?

Was ist schwerer, ein Eimer voll Wasser oder ein Eimer voll Holz?

Was sind Aggregatzustände?

Stoffe im Alltag

2

An einem Stand mit bunten Gewürzen bleibt man gerne stehen. Die Farben und der Duft locken. Manche schauen genau hin und prüfen den Duft oder den Geschmack einer kleinen Probe.
Unsere Sinne helfen uns dabei, Gegenstände und Materialien zu erkennen.

Für Chemikalien aus dem Labor benötigt man allerdings andere Methoden, um sie zu unterscheiden. Einige lernst du in diesem Kapitel kennen.

An einem Marktstand duftet es nach vielen Kräutern.
Wie können wir unterschiedliche Stoffe erkennen?

1 Hier duftet es nach verschiedenen Kräutertee-Sorten

Stoffe mit den Sinnen erkennen

Stoffe und ihre Eigenschaften

Stoffe erkennst du an ihren typischen Eigenschaften. Einige kannst du bereits mithilfe deiner **Sinnesorgane** wahrnehmen.

Aussehen

Unser wichtigstes Sinnesorgan sind die Augen. Mit ihnen erkennen wir **Farbe, Form** und die **Oberfläche** eines Gegenstands. Metalle haben einen typischen **Glanz,** den andere Stoffe wie etwa Holz nicht haben.

2 So nimmt man eine Duftprobe

3 Zwei sehr unterschiedliche Stoffe

Ein rotbrauner Gegenstand, der metallisch glänzt, könnte aus Kupfer sein. Doch allein mit den Augen kannst du nicht sicher feststellen, ob es sich wirklich um Kupfer handelt.

Geruch

Viele Lebensmittel haben einen typischen **Geruch,** etwa Gewürze oder Essig. Auch viele Chemikalien im Labor kann man am Geruch erkennen.
Doch vor allem bei unbekannten Stoffen muss man vorsichtig sein. In der Chemie hält man sich daher einen Stoff nicht unter die Nase; man fächelt sich den Geruch aus etwas Entfernung mit der Hand zu.

Geschmack

In der Küche kannst du Mehl oder Puderzucker leicht am **Geschmack** unterscheiden. Doch im Chemieraum sind Geschmacksproben grundsätzlich verboten, denn manche Chemikalien sind ungesund oder sogar giftig.

Und harmlose Stoffe wie Lebensmittel könnten mit Chemikalien verunreinigt sein. Geschmacksproben von Lebensmitteln dürfen daher nur in der Schulküche oder zu Hause gemacht werden.

Tasten und Fühlen

Die **Oberfläche** eines Gegenstands kann rau oder glatt sein. Sie kann sich kühl oder warm anfühlen.
Ein Gegenstand aus Metall fühlt sich meistens kühler an als ein Gegenstand aus Holz. Da Metalle gute Wärmeleiter sind, leiten sie die Körperwärme der Hand schnell ab. Kunststoffe und Holz dagegen leiten die Wärme schlecht. Sie fühlen sich für uns daher warm an.

Hören

Fällt ein Gegenstand auf den Boden, kann man oft schon am Geräusch erkennen, worum es sich handelt.
Ein Gegenstand aus Metall hört sich anders an als einer aus Holz oder Glas. Man kann also viele Stoffe sogar am **Klang** erkennen.

Mit unseren Sinnesorganen können wir Stoffeigenschaften erkennen:
Farbe, Form, Glanz, die Art der Oberfläche, Geruch, Geschmack und Klang.

A Mit welchem Sinnesorgan nehmen wir am meisten Eindrücke wahr?

B Beschreibe, wie man im Chemie-Unterricht eine Duftprobe durchführt.

C Begründe, weshalb Geschmacksproben im Chemieraum verboten sind.

Material mit Aufgaben

P1 Stoffe am Geruch erkennen

Material: Mehrere kleine nummerierte Döschen mit Proben von Lavendel, Zimt, Pfefferminze, Oregano, Currypulver, Kaffeepulver, Vanillinzucker oder anderen Stoffen

Durchführung: Prüfe den Geruch der Stoffe in den Dosen mit verbundenen Augen durch vorsichtiges Zufächeln. Verschließe nach jeder Geruchsprobe die Dosen wieder.

1. ▌▌▌ Erstelle eine Tabelle und notiere die Ergebnisse deiner Duftproben.
   Wer in der Klasse die meisten Proben erkannt hat, hat gewonnen.
2. ▌▌▌ Erkläre, warum man bei Duftproben unbekannter Stoffe vorsichtig vorgehen sollte.
3. ▌▌▌ Begründe, weshalb man im Fachraum auf Geschmackstests verzichten muss. ➕

P2 Tasten und Fühlen

Material: Dunkles Tuch oder Einkaufstasche, mehrere kleine Gegenstände aus verschiedenen Materialien, etwa Bausteine aus Kunststoff und Holz, kleine Teile aus Metallen und Porzellan, Kugeln aus Glas, Kunststoff und Metall, ein Stein usw.

Durchführung: Die Gegenstände sollen verdeckt unter ein dunkles Tuch oder in eine Einkaufstasche gelegt werden.
Taste die verdeckten Gegenstände ab. Beschreibe, wie es sich anfühlt. Versuche herauszufinden, worum es sich handelt.

1. ▌▌▌ Notiere, an welchen Merkmalen du bestimmte Stoffe oder Gegenstände erkannt hast.
2. ▌▌▌ Begründe, weshalb Gegenstände aus Metall sich kühler anfühlen als solche aus Holz. ➕

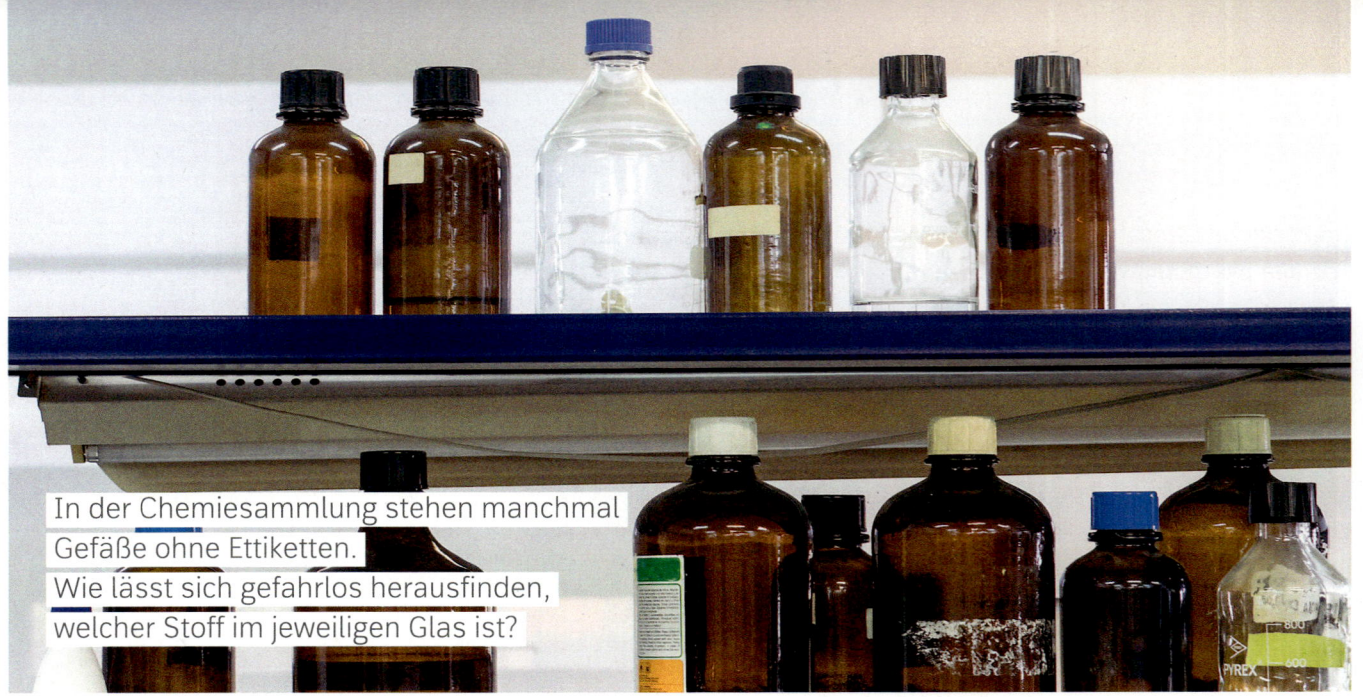

In der Chemiesammlung stehen manchmal Gefäße ohne Ettiketten.
Wie lässt sich gefahrlos herausfinden, welcher Stoff im jeweiligen Glas ist?

1 Unordnung in der Sammlung

Stoffeigenschaften mit Hilfsmitteln untersuchen

Stoffeigenschaften untersuchen

Einige Stoffe lassen sich mithilfe der Sinne gut unterscheiden. Doch manchmal sehen Stoffe sehr ähnlich aus. Zur besseren Unterscheidung benötigt man weitere **Stoffeigenschaften**. Es handelt sich dabei um Eigenschaften, die man messen oder mit Hilfsmitteln testen kann.

Wärmeleitfähigkeit

Wer am Herd steht, möchte sich nicht die Finger verbrennen. Die Griffe von Pfannen und Töpfen werden daher oft aus Kunststoff hergestellt. Kunststoffe leiten die Wärme schlecht. Der Boden von Kochtöpfen soll die Wärme aber gut leiten. Dafür eignen sich Metalle wie Kupfer, Eisen und Aluminium.
Die Wärmeleitfähigkeit verschiedener Stoffe kannst du in einem einfachen Versuch selbst testen.

Magnetische Eigenschaft

Nur die Metalle Eisen, Cobalt und Nickel sind magnetisch. Sie werden von einem Magneten angezogen. Alle anderen Stoffe sind nicht magnetisch.
Das kannst du leicht mit einem Stabmagnet nachprüfen. Auch Holz, Glas oder Kunststoffe sind nicht magnetisch.

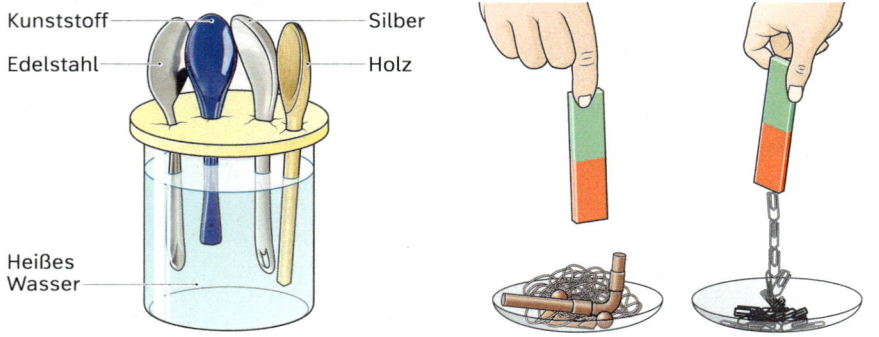

2 Test zur Wärmeleitfähigkeit (links)und Test der magnetischen Eigenschaft (rechts)

Elektrische Leitfähigkeit

Alle Metalle leiten den elektrischen Strom, allerdings verschieden gut. Für elektrische Leitungen im Haus verwendet man Kupferdraht. In Computern und Smartphones nutzt man auch Silber und Gold. Für Hochspannungsleitungen gibt es besondere Stromkabel, in denen auch Aluminium enthalten ist.

Härte

Brillengläser sollte man immer mit einem sauberen Tuch und am besten sogar mit Hilfe einer Flüssigkeit saubermachen. Schon ein winziges Sandkörnchen im Putztuch kann die Gläser verkratzen, denn Sandkörnchen sind härter als Glas und auch härter als Kunststoff.

Der härtere Stoff ritzt immer den weicheren Stoff. Durch wechselseitige Ritzversuche kann man Stoffe in der Härte vergleichen.

Wachs und Speckstein sind sehr weich, ein Diamant ist sehr hart. ▶

Material mit Aufgaben

P1   **Elektrische Leitfähigkeit**

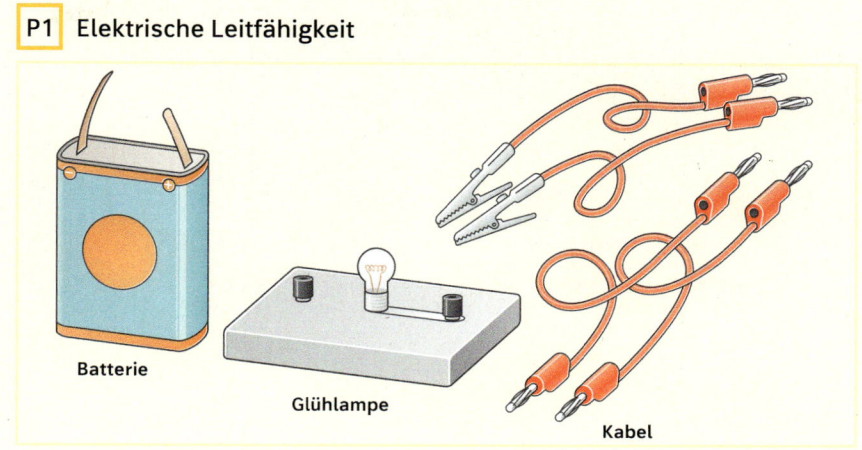

Batterie
Glühlampe
Kabel

Material: Batterie, Glühlampe oder LED mit Halterung, Kabel mit Steckern oder Klemmen, verschiedene Gegenstände aus eurer Umgebung

Durchführung: Ihr sollt in Gruppen prüfen, welche Stoffe den elektrischen Strom leiten. Plant dazu einen einfachen Prüf-Stromkreis.

Startet euren Versuch erst, wenn die Lehrkraft damit einverstanden ist.

1. ▮▮▮ Führt den Versuch selbst durch. Notiert eure Ergebnisse, zum Beispiel in einer Tabelle.
2. ▮▮▮ Wie müsst ihr die Schaltung verändern, um auch Flüssigkeiten prüfen zu können? ✚

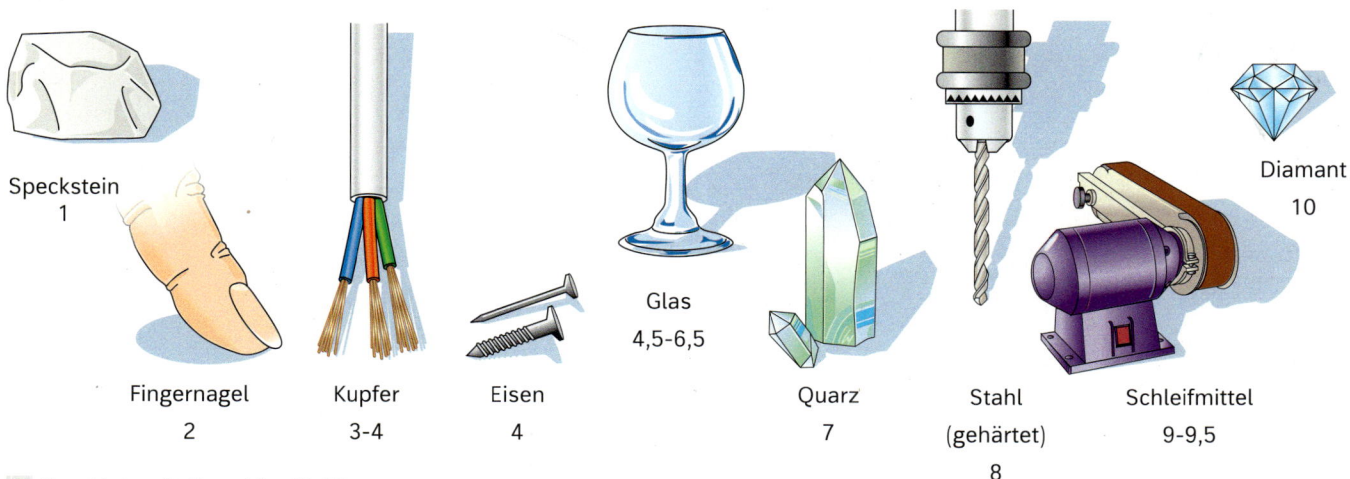

Speckstein
1

Fingernagel
2

Kupfer
3-4

Eisen
4

Glas
4,5-6,5

Quarz
7

Stahl (gehärtet)
8

Schleifmittel
9-9,5

Diamant
10

3 Verschiedene Stoffe und ihre Ritzhärte

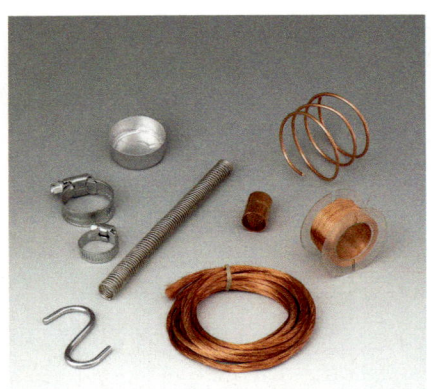

5 Metalle sind gut verformbar

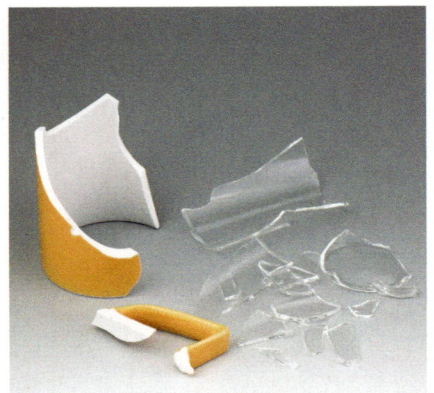

6 Porzellan und Glas sind spröde

Verformbarkeit

Die Rohre einer Heizungsanlage werden gesägt, gebogen und miteinander verbunden. Meistens nimmt man dafür Rohre aus Kupfer, denn dieses Metall ist leicht **verformbar.** Das Metall Aluminium lässt sich so fein auswalzen, dass man es als Folie verwenden kann. Dagegen zerbrechen Gegenstände aus Glas oder Porzellan, wenn sie gebogen werden oder auf den Boden fallen. Man sagt, diese Stoffe sind **spröde.**

Dichte

Ein Eimer voll Wasser wiegt etwa 10 Kilogramm. Der gleiche Eimer mit Sand wiegt mehr, etwa 15 Kilogramm.

Wie schwer ein Stoff ist, ist eine ganz typische Eigenschaft von Stoffen. Das Fachwort dafür heißt **Dichte.**

Natürlich muss man immer gleich große Portionen miteinander vergleichen, also zum Beispiel immer einen Eimer des Stoffes. In Tabellen bezieht man sich aber nicht auf Eimer. Die Dichte wird angegeben in Gramm pro Kubikzentimeter des Stoffes ($1 \frac{g}{cm^3}$).

Ein Würfel mit der Kantenlänge 1 Zentimeter hat das Volumen $1 \ cm^3$. Beispiel: Die Dichte von Eisen ist $7,9 \frac{g}{cm^3}$.

Ein Eisenwürfel mit dem Volumen $1 \ cm^3$ ist dann genau 7,9 Gramm schwer.

Es gibt weitere wichtige Stoffeigenschaften von Stoffen, etwa die Leitfähigkeit für Wärme und elektrischen Strom, die Magnetisierbarkeit, die Härte, die Verformbarkeit und die Dichte.

Material mit Aufgaben

M2 Die Dichte im Vergleich

1 cm³ Holz   1 cm³ Aluminium

0,5 Gramm   2,7 Gramm

Stoff	Dichte in $\frac{g}{cm^3}$
Wasser	1,0
Aluminium	2,7
Kupfer	8,96
Gold	19,3
Holz	0,5
Speiseöl	0,9
Eisen	7,9

1. ▌▌▌ Sortiere die Tabellenwerte nach ansteigender Dichte.
2. ▌▌▌ Ein Eimer mit Wasser wiegt etwa 10 kg. Wie schwer ist dieselbe Menge Holz? ✚
3. Wähle eine Aufgabe aus:
a ▌▌▌ Schätze ab, wie schwer ein Eimer Gold wäre. ✚
b ▌▌▌ Welches Problem haben Bankräuber, die im Tresor jede Menge Goldbarren finden?

So bestimmt man die Dichte von Stoffen

1. Masse bestimmen

Masse: 90 g

2. Volumen bestimmen

Volumen:
6 cm · 5 cm · 6 cm = 180 cm³

5 cm
6 cm
6 cm

3. Dichte berechnen

Masse = 90 g
Volumen = 180 cm³

$$\text{Dichte} = \frac{\text{Masse}}{\text{Volumen}}$$

$$= \frac{90\,g}{180\,cm^3} = 0{,}5\,\frac{g}{cm^3}$$

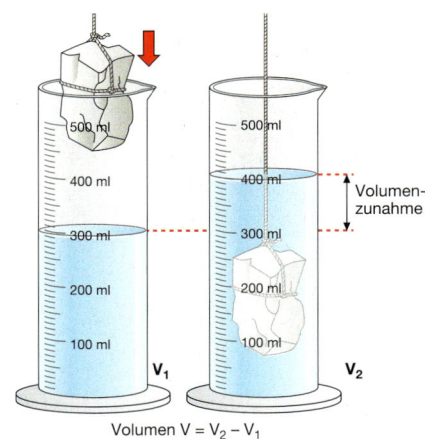

Volumen-zunahme

V_1 V_2

Volumen $V = V_2 - V_1$

Die Formel
Beispiel mit dem Holzstück (oben):
▸ **Bestimmung der Masse**

▸ **Bestimmung des Volumens**

▸ **Berechnung mit der Formel**
Die Dichte berechnet man, indem man die **Masse eines Gegenstands durch sein Volumen teilt:**

$$\text{Dichte} = \frac{\text{Masse}}{\text{Volumen}} \qquad \text{Einheit:} \quad \frac{g}{cm^3}$$

Dichte bei Flüssigkeiten
Die **Masse** erhält man ganz einfach mit einer Waage. Am besten, ihr verwendet als Gefäß gleich einen Messzylinder.
▸ Wiegt erst den leeren Messzylinder.
▸ Füllt dann die Flüssigkeit ein und wiegt nochmal. Notiert den Wert.
▸ Die Differenz der beiden Werte ist die Masse der Flüssigkeit in Gramm.
▸ Das **Volumen** einer Flüssigkeit könnt ihr mit einem Messzylinder feststellen. Dabei gilt: 1 ml = 1 cm³.

Dichte bei Feststoffen
Steine oder Schrauben sind unregelmäßig geformt. Ihr **Volumen** lässt sich mit einem Messzylinder ermitteln.
▸ Notiert euch zu Beginn das Volumen des Wassers im Messzylinder.
▸ Gebt dann den Gegenstand in den Messzylinder und notiert den neuen Wasserstand.
▸ Zieht den ersten Wert vom zweiten Wert ab. Das ist das Volumen.
▸ Die **Masse** bestimmt ihr wie üblich mit einer Waage.

Material mit Aufgaben

P1 Die Dichte bestimmen

Material: Schrauben aus Eisen, Feinwaage, Messzylinder (50 ml), Wasser

Durchführung: Füllt den Messzylinder etwa zur Hälfte mit Wasser. Notiert den genauen Füllstand. Wiegt den Messzylinder mit dem Wasser. Legt nun einige Schrauben hinein.

Notiert den neuen Füllstand.
Wiegt nun den Messzylinder mit den Schrauben und dem Wasser erneut.

1. ▮▮▮ Ermittelt die Masse und das Volumen der Schrauben.
2. ▮▮▮ Berechnet die Dichte der verwendeten Schrauben.
3. ▮▮▮ Vergleicht eure Ergebnisse. Nennt mögliche Fehlerquellen.

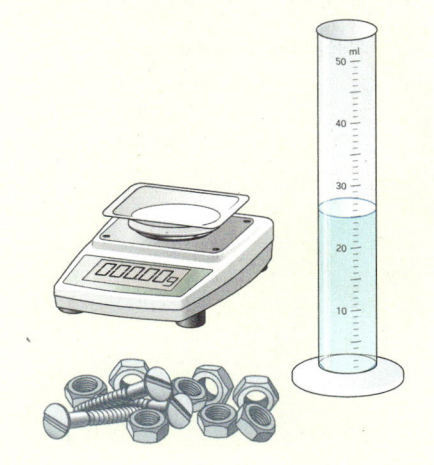

Zucker löst sich im Teewasser.
Lösen sich alle Stoffe in Wasser?

1 Zucker ist sehr gut wasserlöslich

Die Löslichkeit

Zucker löst sich in Wasser, Öl nicht

Gibst du einen Löffel Zucker in den Tee, löst sich der Zucker langsam. Nach einer Weile ist er nicht mehr zu sehen. Dass er immer noch vorhanden ist, spürst du am süßen Geschmack.

Der Zucker hat sich gelöst. Er ist im Wasser aber so fein verteilt, dass man ihn nicht mehr sehen kann.

Wer Salatsoße mischt, kann beobachten, dass das Speiseöl ganz oben schwimmt. Es löst sich nicht in Wasser oder Essig. Man kann Öl aber zum Beispiel in Alkohol oder in Waschbenzin lösen.

Wenn ein Stoff gelöst wird, entsteht eine **Lösung.** Die Flüssigkeit, in der sich etwas löst, heißt **Lösungsmittel.**

Stoffeigenschaft

Ob sich ein Stoff in einem Lösungsmittel löst oder nicht, ist eine ganz typische Stoffeigenschaft.

Verschiedene Stoffe lösen sich unterschiedlich gut. Zucker ist zum Beispiel in Wasser sehr gut löslich. Von Kochsalz löst sich schon deutlich weniger.

Um Stoffe miteinander vergleichen zu können, gibt man an, wie viel Gramm eines Stoffes sich in 100 Gramm Lösungsmittel lösen. Die **Löslichkeit** ist also eine messbare Stoffeigenschaft.

2 Pflanzenöl schwimmt auf Wasser

3 Spezielles Lösungsmittel für Nagellack

Gesättigte Lösung

Die Löslichkeit von Kochsalz beträgt etwa 36 Gramm in 100 Gramm Wasser. Dann ist die Lösung **gesättigt** an Kochsalz.

Gibt man mehr Kochsalz hinzu, löst es sich nicht mehr. Das überschüssige Salz bleibt als **Bodensatz** sichtbar liegen.

Was löst sich in Wasser?

Grundsätzlich können sich feste, flüssige und gasförmige Stoffe in einem Lösungsmittel lösen. So ist in jedem Liter Flusswasser immer auch Luft gelöst. Fische und andere Wasserbewohner nutzen die gelöste Luft zum Atmen.

Löst sich ein Stoff in einem Lösungsmittel, entsteht eine Lösung.
Die Löslichkeit gibt an, wie viel Gramm eines Stoffes sich in 100 Gramm Lösungsmittel lösen.

A Nenne den Begriff für die Flüssigkeit, in der etwas gelöst wird.

B Erkläre, weshalb der gelöste Zucker im Tee nicht mehr sichtbar ist.

C Beschreibe, wie du eine gesättigte Lösung von Kochsalz herstellen kannst.

D Überlege, auf welche Weise du einen Bodensatz auflösen kannst.

4 Gesättigte Salzlösung mit Bodensatz

Material mit Aufgaben

P1 Die Löslichkeit prüfen

Material: Reagenzglasgestell, Reagenzgläser, Stopfen, Spatel, Stoffproben (z. B. Gipspulver, Sand, Mehl, Zucker, Salz, Essig, Apfelsaft, Sirup, Speiseöl, Eisennagel), Wasser

Durchführung: Gib etwa 4 cm hoch Wasser in ein Reagenzglas.

Füge dann 1 Spatel einer Stoffprobe oder 1 ml Flüssigkeit oder den Nagel hinzu. Verschließe das Reagenzglas mit dem Stopfen und schüttle.

1. ▮▮▮ Prüfe, ob sich die Stoffe lösen.
2. ▮▮ Notiere deine Ergebnisse in einer Tabelle. ➕

P2 Löslichkeit und Temperatur

Material: Reagenzglashalter, Spatel, Reagenzglas, Brenner oder Becherglas mit heißem Wasser, Kali-Alaun (Kalium-Aluminium-Sulfat), Wasser

Durchführung: Gib etwa 4 cm hoch Wasser in ein Reagenzglas. Füge so viel Kali-Alaun hinzu, dass sich selbst bei längerem Schütteln nicht mehr alles löst.

Erwärme nun das Reagenzglas, entweder mit dem Brenner oder in heißem Wasser. Beobachte genau.

Lass das Reagenzglas wieder abkühlen und achte auf Veränderungen.

1. ▮▮▮ Notiere deine Beobachtungen.
2. ▮▮▮ Erkläre dein Versuchsergebnis.

Wie viele Formen von Wasser erkennst du hier?

1 Wasser in verschiedenen Zustandsformen

Fest, flüssig, gasförmig

Wasser ist nicht immer flüssig. Beim Kochen in der Küche entsteht gasförmiges Wasser, der Wasserdampf. Im Winter kommt Wasser in fester Form als Eis und Schnee vor.

Wasser kommt also in drei verschiedenen Zustandsformen vor: **fest**, **flüssig** und **gasförmig**. Man bezeichnet sie als **Aggregatzustände**. Es hängt von der Temperatur ab, in welchem Aggregatzustand Wasser vorliegt.

Aggregatzustände von Wasser

Wasser ist der einzige Stoff, der in der Natur in allen drei Aggregatzuständen vorkommt. Die Dampfschwaden über einem Kochtopf oder die Wolken enthalten neben Wasserdampf bereits ganz winzige, flüssige Wassertröpfchen. Nur die Wassertröpfchen können wir sehen. Der Wasserdampf ist unsichtbar.

Schmelzen und Erstarren

Nimmt man Eiswürfel, also festes Wasser, aus dem Tiefkühlschrank, haben sie eine Temperatur von -18 °C. Lässt man sie bei Raumtemperatur liegen, erwärmen sie sich langsam. Das feste Eis wird nach und nach flüssig. Es **schmilzt**. Umgekehrt wird flüssiges Wasser zu festem Eis, wenn man es in den Tiefkühlschrank stellt. Das flüssige Wasser **erstarrt**.

Schmelzen und Erstarren von Wasser laufen bei 0° C ab, der so genannten **Schmelztemperatur**.

2 Das Eis schmilzt

3 Das Wasser siedet

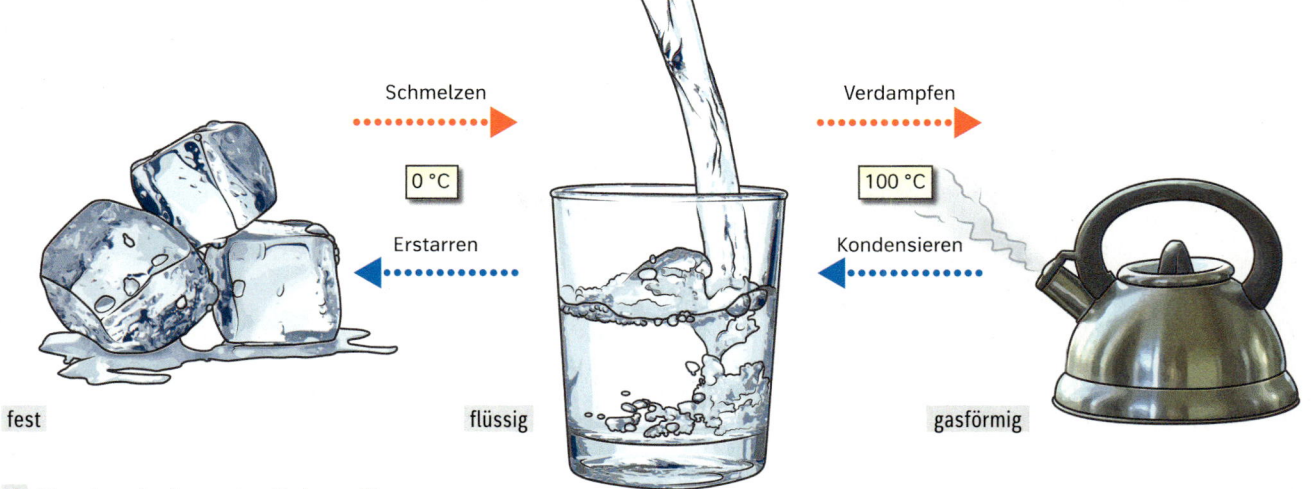

Schmelzen
0 °C
Erstarren

Verdampfen
100 °C
Kondensieren

fest
flüssig
gasförmig

4 Übergänge der Aggregatzustände von Wasser

Verdampfen und Kondensieren

Erhitzt man Wasser in einem Becherglas, erwärmt es sich immer weiter. Bei
100 °C beginnt es zu **sieden**. Dabei wird
flüssiges Wasser zu gasförmigem Wasserdampf. Es **verdampft**.
Wenn sich der heiße Wasserdampf an
einer kühlen Oberfläche abkühlt, werden Wassertropfen sichtbar. Der Wasserdampf ist wieder flüssig geworden.
Er ist **kondensiert**.
Verdampfen und Kondensieren laufen
bei 100 °C ab, der so genannten **Siedetemperatur**.

Verdunsten

Eine Pfütze trocknet durch die Energie
der Sonne mit der Zeit aus. Je höher die
Temperatur, desto schneller.
Flüssigkeiten wie Wasser werden auch
unterhalb der Siedetemperatur gasförmig, ohne dass man sie bis zum Sieden
erhitzt. Sie **verdunsten**. ▶

> Fest, flüssig und gasförmig heißen die
> die drei Aggregatzustände von Stoffen.
> Stoffe können schmelzen und erstarren,
> verdampfen und kondensieren.

Material mit Aufgaben

M1 **Die Aggregatzustände**

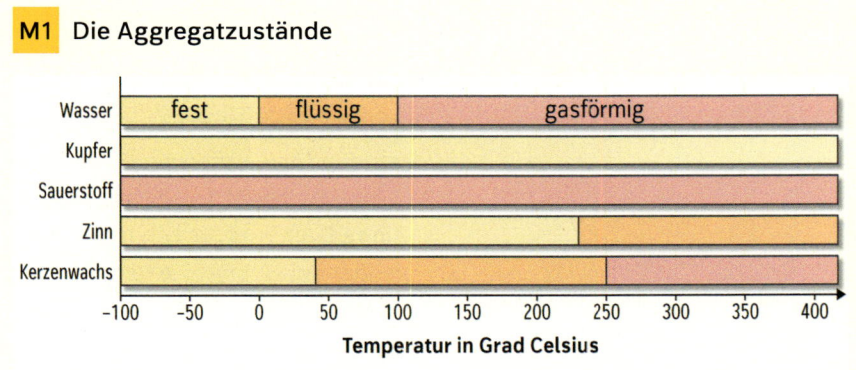

Temperatur in Grad Celsius

An Silvester hat man früher häufig
Bleigießen gemacht. Dabei wurde ein
kleines Stück Blei auf einem Löffel
über einer Kerzenflamme geschmolzen. Blei hat für ein Metall eine ziem-
lich niedrige Schmelztemperatur von
327 °C.
Danach wurde das flüssige Blei in eine
Schale mit Wasser gegossen. Das
Metall wurde sofort wieder fest.
Aus den entstandenen Gebilden hat
man man dann phantasievolle Vor-
hersagen für das neue Jahr gemacht.

1. ▌▌▌ Gib mithilfe des Diagramms an,
   in welchem Aggregatzustand die
   Stoffe bei 20 °C vorliegen.
2. ▌▌▌ Nenne den Aggregatzustand
   von Wasser bei: -12 °C, 37 °C,
   112 °C.
3. ▌▌▌ Erkläre die Begriffe Schmelzen,
   Verdampfen, Kondensieren. ✚
4. ▌▌▌ Beschreibe, welche Vorgänge
   beim Bleigießen ablaufen. ✚
5. ▌▌▌ Blei ist giftig. Man nimmt heute
   einen anderen Stoff. Erkläre, welcher Stoff sich eignen würde.

A Beschreibe die drei Zustandsformen von Wasser in Bild 1 (links).

5 Raureif an Früchten

6 Aggregatzustände und ihre Übergänge

Von gasförmig zu fest

An sehr kalten Tagen bildet sich an Blättern und Ästen manchmal ein eisiger Belag. Man bezeichnet dies als **Reif** oder **Raureif.** An Fenstern können nachts so genannte Eisblumen entstehen. Auch das sind Eiskristalle. Sie haben sich direkt aus dem Wasserdampf der Luft gebildet. Der flüssige Aggregatzustand ist übersprungen worden. Man sagt, der Wasserdampf ist **resublimiert**. Das Substantiv dafür heißt **Resublimation**.

Von fest zu gasförmig

Eine gefrorene Wasserpfütze im Winter kann auch unter 0 °C Außentemperatur „verschwinden". Das Eis wird dann direkt zu Wasserdampf, ohne vorher flüssig zu werden. Wasser kann also den flüssigen Aggregatzustand überspringen. Das Eis ist zu Wasserdampf **sublimiert**. Das Nomen dafür heißt **Sublimation**.

Ein Gas kann fest werden, ohne dass der flüssige Zustand als Übergang vorlag: Resublimation.
Ein Stoff kann direkt aus dem festen Zustand gasförmig werden: Sublimation.

B Beschreibe die Wechsel der Aggregatzustände mithilfe von Bild 6.

Material mit Aufgaben

M2 Aggregatzustände bei Iod

Eiswürfel
festes Iod
entstehender Ioddampf
festes Iod
Gasbrenner

Festes Iod in einem Becherglas wird von unten mithilfe eines Gasbrenners erhitzt. Die Eiswürfel auf dem Uhrglas oben dienen zur Kühlung. Ioddampf ist violett, festes Iod ist fast schwarz und glänzend.

1. ▌▌ Beschreibe den abgebildeten Versuchsaufbau.
2. ▌▌ Beschreibe die Wechsel der Aggregatzustände bei Iod mithilfe des Versuchs. ✚
3. ▌▌▌ Erkläre die Vorgänge während des Versuchs unter Verwendung der Fachbegriffe.

Zeit-Temperatur-Diagramm von Wasser

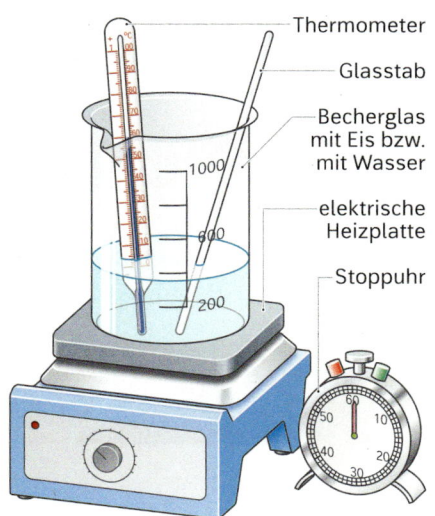

1 Benötigte Geräte für das Experiment

2 Temperaturverlauf von Wasser beim Erhitzen

Erhitzen von Wasser

Beim Erhitzen eines Eis-Wasser-Gemisches kann man etwas Interessantes beobachten:

Solange das Eis schmilzt, bleibt die Temperatur bei etwa 0 °C. Erst wenn das gesamte Eis geschmolzen ist, steigt die Temperatur des Wassers weiter an. Das Eis nimmt beim Schmelzen Wärme aus der Umgebung auf. Diese Energie wird benötigt, damit das Eis schmilzt.

Wird das Wasser weiter erhitzt, steigt die Temperatur an. Schließlich beginnt es zu sieden.

Auch hier bleibt die Temperatur unverändert bei 100 °C, bis das gesamte flüssige Wasser verdampft ist.

Abkühlen von Wasser

Auch in umgekehrter Richtung beim Kondensieren und beim Erstarren bleibt die Temperatur des Stoffes zunächst gleich. Dies dauert solange, bis der gesamte Wasserdampf flüssig geworden ist oder das Wasser zu Eis erstarrt ist.

Material mit Aufgaben

M1 **Zeit-Temperatur-Diagramm von Eisen**

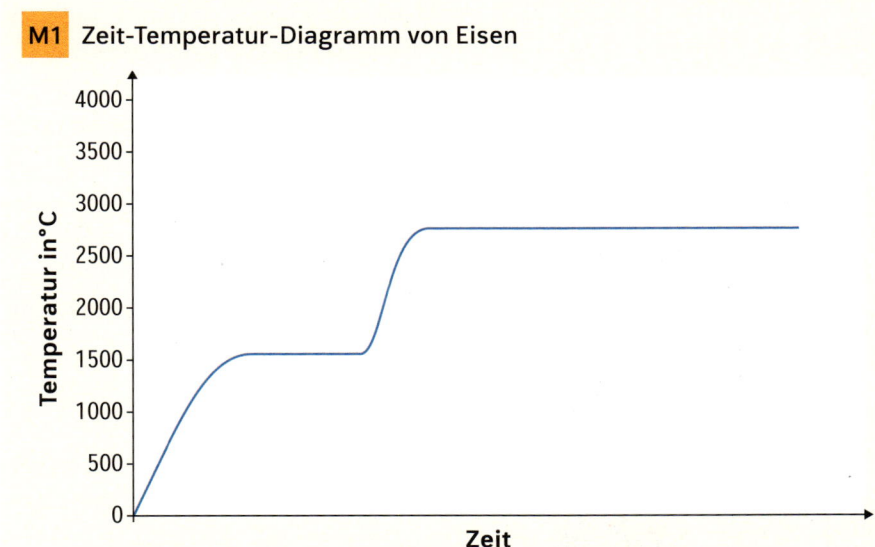

1. ▮▮▮ Beschreibe das Diagramm.
2. ▮▮ Vergleiche das Zeit-Temperatur-Diagramm von Eisen mit dem von Wasser.
3. ▮▮ Lies aus dem Diagramm die Schmelztemperatur und die Siedetemperatur von Eisen ab.
4. ▮ Erkläre, warum die Temperatur von Wasser und Eisen beim Erwärmen nicht gleichmäßig steigt, obwohl ständig Wärme zugeführt wird.

Obst mit geschmolzener Schokolade überzogen schmeckt für viele lecker. Bei welcher Temperatur schmilzt Schokolade?

1   Geschmolzene Schokolade

Schmelz- und Siede-temperatur von Stoffen

Die meisten Schokolade-Sorten schmelzen in einem Temperaturbereich zwischen 40 und 50 °C. Schokolade hat also keine eindeutige Schmelztemperatur wie Wasser oder Kochsalz.

Das liegt daran, dass Schokolade eine Mischung aus mehreren Bestandteilen ist und jede Sorte anders zusammengesetzt ist.

Schmelztemperatur

Eis schmilzt immer bei 0 °Celsius und wird flüssig. Das ist die **Schmelztemperatur** von Wasser. Kochsalz schmilzt bei 801 °C, Aluminium bei 660 °C.

Siedetemperatur

Erhitzt man Wasser, dann beginnt es bei 100 °C zu sieden und wird zu Wasserdampf. Die Temperatur, bei der ein Stoff siedet, nennt man **Siedetemperatur.** Kochsalz siedet erst bei 1 465 °C, Aluminium sogar erst bei 2 450 °C.

Messbare Stoffeigenschaften

Die Siede- und die Schmelztemperatur gehören wie die Löslichkeit und die Dichte zu den **messbaren** Stoffeigenschaften; denn Siede- und Schmelztemperaturen kann man mit einem Thermometer messen.

Eindeutige Zuordnung

Aus der Tabelle (Bild 2) kannst du erkennen, dass jeder Stoff eine ganz bestimmte Schmelztemperatur und eine ganz bestimmte Siedetemperatur hat. Diese Werte sind **typisch für den jeweiligen Stoff.**

Beispiel: Bei einem Stoff, der bei 801 °C schmilzt und bei 1 465 °C siedet, handelt es sich eindeutig um den Stoff Kochsalz. Durch einen Vergleich der Schmelz- und Siedetemperatur lässt sich also feststellen, ob es sich bei einem unbekannten Stoff tatsächlich um den vermuteten Stoff handelt.

Stoff	Schmelz-temperatur	Siede-temperatur
Wasser	0 °C	100 °C
Eisen	1538 °C	2862 °C
Alu-minum	660 °C	2450 °C
Alkohol	–117 °C	78 °C
Gold	1064 °C	2940 °C
Blei	327 °C	1744 °C
Propan-gas	–188 °C	–42 °C
Koch-salz	801 °C	1465 °C

2   Schmelz- und Siedetemperaturen

Verhalten beim Erhitzen

Nicht für alle Stoffe findet man Angaben zu Schmelz- und Siedetemperaturen, denn:

▸ Manche Stoffe zersetzen sich beim Schmelzen oder beim weiteren Erhitzen, zum Beispiel Kunststoffe.

▸ Manche Stoffe sind brennbar; sie entzünden sich ab einer bestimmten Temperatur, zum Beispiel Papier.

Doch auch wenn es für einen Stoff keine Schmelz- oder Siedetemperatur gibt: Das Verhalten von Stoffen beim Erhitzen ist immer eine typische Eigenschaft des Stoffes.

Die Schmelz- und die Siedetemperatur sind wichtige messbare Eigenschaften, die für jeden Stoff typisch sind.
Manche Stoffe zersetzen sich beim Erhitzen, andere können sich entzünden.

A Nenne die Schmelz- und die Siedetemperatur der Stoffe Wasser und Kochsalz.

B Finde heraus, um welchen Stoff es sich hier handelt: Seine Siedetemperatur beträgt 78 °C, die Schmelztemperatur –117 °C.

C Begründe, weshalb man für Schokolade keine genaue Schmelztemperatur angeben kann.

D Überlege, was man tun sollte, wenn das Fett in der Pfanne stark qualmt, weil es sich zersetzt.

Material mit Aufgaben

P1 Stoffe erwärmen

Material: Mehrere leere Alu-Schälchen von Teelichtern, Tiegelzange, Wärmequelle (Brenner, Dreifuß und Drahtnetz oder Kochplatte), mehrere Proben (z. B.: Salz, Schokolade, Kerzenwachs, Seife, Kokosfett, Zucker, Käse usw.)

Durchführung: Gib in jedes Schälchen eine Stoffprobe (wenig, gleich groß, etwas zerkleinert).
Stelle die Schälchen auf das Drahtnetz (oder eine Wärmeplatte).
Erwärme die Proben 5-10 Minuten lang. Beobachte genau.
Entferne die Schälchen, in denen sich eine Probe zersetzt.

1. ▐▐▐ Notiere deine Beobachtungen.
2. ▐▐ Beurteile, ob das Verhalten von Stoffen beim Erhitzen hilft, um Stoffe zu unterscheiden. ⊞

P2 Die Schmelztemperatur

Material: Thermometer, Stoppuhr, Stativmaterial, Reagenzglas mit gekühltem Glycerin (wasserfrei), ggf. Becherglas mit lauwarmem Wasser

Durchführung: Das Reagenzglas mit dem festen Glycerin aus dem Kühlschrank (o. Eisfach) wird an einem Stativ befestigt.
Miss mit einem Thermometer alle 30 Sekunden die Temperatur, bis das Glycerin geschmolzen ist.
Hinweis: In einem lauwarmen Wasserbad (30 °C) geht es etwas schneller. Notiere die Werte.

1. ▐▐▐ Erstelle eine Wertetabelle.
2. ▐▐ Versuche, damit die Schmelztemperatur zu bestimmen. ⊞
3. ▐▐▐ Erläutere, wie du zu deinem Ergebnis gekommen bist.

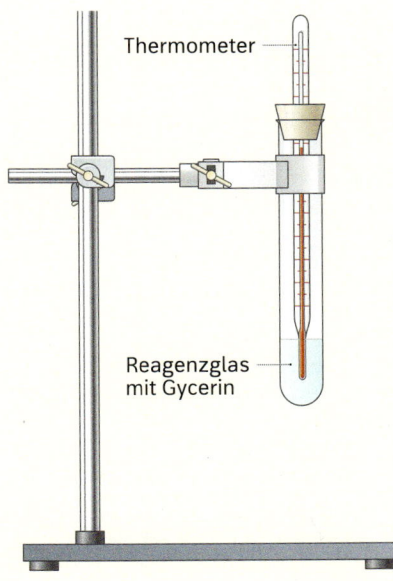

Thermometer

Reagenzglas mit Gycerin

Stoffsteckbriefe erstellen

GESUCHT WIRD

Moneten-Joe

Alter:	34 Jahre
Kennzeichen:	Narbe am Auge
Haarfarbe:	schwarz
Größe:	1,85 m

Belohnung: 3000 €

Mit **Steckbriefen** hat früher die Polizei nach Kriminellen gesucht.
Du kennst vielleicht schon Steckbriefe für Tiere und Pflanzen. Sie bringen eine kurze Beschreibung der wichtigsten Merkmale eines Tieres oder einer Pflanze.
Du kannst Steckbriefe aber auch nutzen, um Stoffe mit ihren Eigenschaften übersichtlich darzustellen.

So kannst du vorgehen

▸ In einem Steckbrief kannst du alle Ergebnisse deiner Untersuchungen zu einem Stoff sammeln.

▸ Wenn du keine eigenen Untersuchungen machen kannst, dann suche die Informationen in Büchern oder im Internet.

▸ Sammle möglichst viele Stoffeigenschaften. Erst die Kombination mehrerer Eigenschaften ist typisch für den jeweiligen Stoff.

▸ Eine gute Gliederung ist wichtig. Orientiere dich an den Beispielen hier im Buch oder in deiner Klasse.

▸ Wenn du herausfinden willst, ob es sich um den vermuteten Stoff handelt, sollten möglichst alle Eigenschaften übereinstimmen. Zahlenangaben können sich aber auch etwas unterscheiden.

Steckbrief von Eisen

Aussehen, Farbe:	silbrig-grau, metallisch glänzend
Aggregatzustand:	fest
Geruch:	geruchlos
Löslichkeit in Wasser:	unlöslich
Härte, Verformbarkeit:	hart, verformbar
Elektrische Leitfähigkeit:	ja
Verhalten beim Erhitzen:	keine Änderung
Schmelztemperatur:	1538 °C
Siedetemperatur:	2862 °C
Magnetische Eigenschaft:	ja

Material mit Aufgaben

M1 Steckbriefe erstellen

1. ▌▌▌ Übertrage den Steckbrief von Zucker in dein Heft und vervollständige ihn. ✚
2. ▌▌▌ Erstelle einen Steckbrief für einen selbst gewählten Stoff (ohne Abbildung!).
Recherchiere die Eigenschaften, die du noch nicht kennst. Deine Sitznachbarin oder dein Sitznachbar soll erraten, um welchen Stoff es sich handelt.

Steckbrief von Zucker

Aussehen, Farbe:	?????
Aggregatzustand:	?????
Geruch:	?????
Löslichkeit in Wasser:	?????
Elektrische Leitfähigkeit:	?????
Verhalten beim Erhitzen:	?????
Schmelztemperatur:	ab 186 °C
Siedetemperatur:	(keine, Z)
Magnetische Eigenschaft:	?????

Material mit Aufgaben

M2 **Stoffen auf der Spur**

Tabellen mit Stoffeigenschaften können wie Steckbriefe bei der Unterscheidung von Stoffen helfen.

1. ▌▌ Wähle ein Stoffpaar aus (A oder B). Beschreibe einen möglichen Versuch, mit denen du deine beiden Stoffe unterscheiden und somit bestimmen kannst.

2. ▌▌ Bild C zeigt vier weiße Stoffe, die mit bloßem Auge schwer zu unterscheiden sind. Es handelt sich um Zucker, Kalk, Kochsalz und Mehl.
   Plane mithilfe der Tabelle eine Versuchsreihe, um die Stoffe zu bestimmen (ohne Geschmacksproben).
   Führe die Versuche durch, wenn die Lehrkraft einverstanden ist.

Stoffpaar A: Eisen und Aluminium

Stoffpaar B : Gummi und Graphit

C

Stoff	Aggregatzustand (bei Zimmertemperatur)	Farbe	elektrisch leitfähig	magnetisch	wasserlöslich	Verhalten beim Erhitzen über einer Kerzenflamme
Eisen	fest	grau	ja	ja	nein	keine Veränderung
Aluminium	fest	silber	ja	nein	nein	keine Veränderung
Kalk	fest	weiß	nein	nein	nein	keine Veränderung
Gummi	fest	beliebig	nein	nein	nein	schmilzt
Kochsalz	fest	weiß	nein	nein	ja	keine Veränderung
Zucker	fest	weiß	nein	nein	ja	schmilzt, wird später braun
Mehl	fest	weiß	nein	nein	nein	wird schwarz
Graphit	fest	grau-schwarz	ja	nein	nein	keine Veränderung

Wenn man Zucker in den Tee gibt, scheint er zu verschwinden. Wo ist der Zucker geblieben?

1 Lösen von Zucker in Tee

Stoffe bestehen aus kleinen Teilchen

Zucker löst sich in Wasser

Gibt man Zucker in ein Teegetränk, ist er nach einer Weile nicht mehr zu sehen – nicht einmal mit einem starken Mikroskop. Doch der süße Geschmack der Lösung zeigt, dass der Zucker nicht verschwunden ist.

Lässt man eine Zuckerlösung längere Zeit stehen, verdunstet das Wasser und der zuvor gelöste Zucker wird wieder sichtbar. Die Vorgänge beim Lösen von Zucker lassen sich mit dem **Teilchenmodell** erklären.

Das Teilchenmodell

Nach diesem Modell **bestehen alle Stoffe aus vielen kleinen Teilchen.** Wasser besteht aus Wasserteilchen, Zucker aus Zuckerteilchen. Man kann diese kleinen Teilchen aber nicht sehen, weil sie so klein sind.

Die Wasserteilchen sind untereinander alle gleich groß und gleich schwer.

Und ebenso sind die Zuckerteilchen untereinander alle gleich groß und gleich schwer. Die Teilchen verschiedener Stoffe unterscheiden sich aber voneinander. In Abbildungen stellt man Teilchen verschiedener Stoffe daher mit unterschiedlichen Formen und Farben dar.

Lösen im Teilchenmodell

Gibt man Zucker in Wasser, beginnen sich die Wasserteilchen zwischen die Zuckerteilchen zu schieben . Beide Teilchensorten vermischen sich im Laufe der Zeit immer mehr. Wenn kein Zucker mehr sichtbar ist, haben sich alle Zucker- und Wasserteilchen gleichmäßig verteilt. Der Zucker ist gelöst.

Das Teilchenmodell sagt aus:
Alle Stoffe sind aus sehr kleinen Teilchen aufgebaut. Die Teilchen eines Stoffes sind jeweils gleich groß und gleich schwer.

2 Zuckerwürfel lösen sich in Wasser; schließlich sind alle Wasser- und Zuckerteilchen gleichmäßig verteilt

Die Teilchen bewegen sich

Wer Zucker in ein Getränk gibt, rührt meistens mit einem Löffel um, damit sich der Zucker rascher löst.

Doch der Zucker verteilt sich auch ohne Umrühren gleichmäßig im Wasser, wenn man längere Zeit wartet. Wie lässt sich das erklären?

Der Grund ist: Alle kleinen Teilchen, aus denen die Stoffe aufgebaut sind, bewegen sich. Sie stoßen ständig gegeneinander und sorgen so dafür, dass sich alle Teilchen gleichmäßig in der Lösung verteilen.

Entdeckt hat diese Teilchenbewegung der englische Forscher Robert BROWN. Sie heißt deshalb auch **brownsche Bewegung.**

Die kleinen Teilchen aller Stoffe bewegen sich ständig.

A Beschreibe, was bei der Abb. 1 mit dem Zucker im Tee passiert.

B Fasse kurz die Aussagen des Teilchenmodells zusammen.

C Erkläre, was der Forscher Robert BROWN entdeckt hat.

Material mit Aufgaben

P1 **Lösen bei verschiedenen Temperaturen**

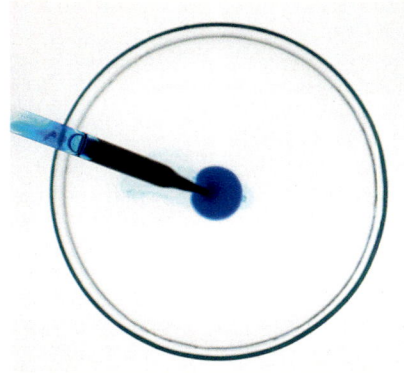 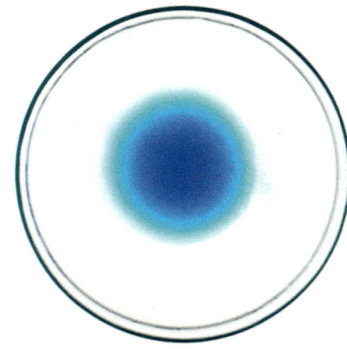

Material: 2 Petrischalen, Pipette, farbige Tinte, kaltes Wasser und warmes Wasser

Durchführung: Arbeitet zu Zweit. Gebt in zwei Schalen gleich viel Wasser, einmal kaltes und einmal warmes Wasser.

Tropft dann mit einer Pipette vorsichtig jeweils einen Tropfen Tinte auf die Mitte des Schalenbodens.

Beobachtet genau, was geschieht.

1. ▮▮▮ Beschreibe, was sich in den Petrischalen getan hat.
2. ▮▮▮ Versuche deine Beobachtungen zu erklären. ⊞
3. Wähle eine der Aufgaben aus:
a ▮▮ Erkläre, was du aus diesem Versuch auch für den Alltag lernen kannst. ⊞
b ▮▮▮ Vermute (mithilfe des Teilchenmodells), weshalb sich ein Lösevorgang durch Wärme und durch Umrühren beschleunigen lässt.

Bei brennenden Kerzen kommt festes, flüssiges und gasförmiges Wachs vor. Wie kann man sich das im Teilchenmodell vorstellen?

1 Teelichter, aus der Nähe betrachtet

Die Aggregatzustände im Teilchenmodell

Nach dem Teilchenmodell sind alle Stoffe aus winzigenTeilchen aufgebaut, die sich ständig bewegen.
Mit diesem Modell lassen sich auch die Aggregatzustände erklären.

Feststoffe

In Feststoffen sind die Teilchen dicht gepackt und regelmäßig angeordnet. Sie schwingen auf ihren Plätzen hin und her, können diese aber nicht verlassen.

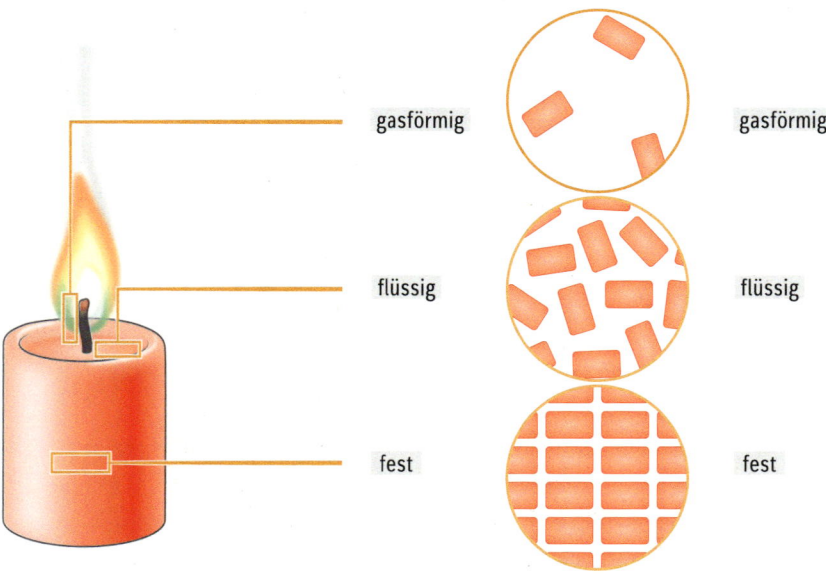

gasförmig

gasförmig

Die Teilchen...
- sind weit voneinander entfernt
- bewegen sich frei im Raum
- bewegen sich sehr schnell

flüssig

flüssig

- sind noch nah zusammen
- können aber die Plätze tauschen
- bewegen sich stärker

fest

fest

- sind sehr nah zusammen
- sind regelmäßig angeordnet
- schwingen nur wenig hin und her

2 Aggregatzustände bei einer brennenden Kerze

Flüssigkeiten

Erwärmt man Feststoffe, bewegen sich die Teilchen schneller. Ist die Schmelztemperatur erreicht, ist der Stoff flüssig. Die Stoffteilchen berühren sich noch, können aber die Plätze tauschen. Sie sind unregelmäßiger angeordnet als im festen Zustand.

Gase

Erwärmt man Flüssigkeiten, bewegen sich die Teilchen schneller. Ist die Siedetemperatur erreicht, sind die Teilchen völlig ungeordnet im Raum verteilt, weit voneinander entfernt. Sie füllen dann den gesamten Raum aus, der zur Verfügung steht.

Mithilfe des Teilchenmodells lassen sich die Aggregatzustände besser verstehen.

A Beschreibe mithilfe des Teilchenmodells, was passiert, wenn flüssiges Wasser längere Zeit stark erhitzt wird.

B Skizziere die Teilchen eines Eiswürfels.

Material mit Aufgaben

M1 **Aggregatzustände und Teilchenmodell**

1. ▌▌▌ Ordne die Abbildungen A, B und C (rechts) den drei Aggregatzuständen zu.
Vergleiche dazu mit den Abbildungen zum Kerzenwachs (auf der linken Buchseite).

2. ▌▌▌ Die blauen Dreiecke sollen Wasserteilchen darstellen. Ordne die Abbildungen A, B, C den Nummern 1, 2 und 3 in der Abbildung unten zu.

3. ▌▌▌ Beschreibe Zustand A im Teilchenmodell etwas genauer. ✚

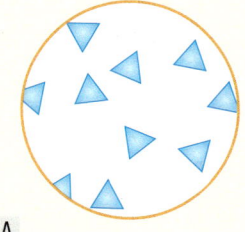

A

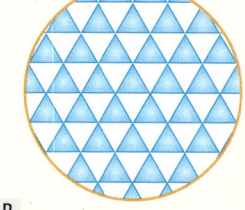

B

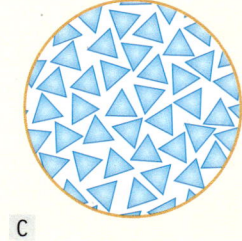

C

4. ▌▌▌ Erkläre mithilfe des Teilchenmodells, was beim Übergang vom Zustand B zum Zustand C geschieht. ✚

5. ▌▌▌ Begründe, weshalb es sinnvoll ist, die Wasserteilchen anders darzustellen als die Wachsteilchen einer Kerze.

1

Schmelzen →
← Erstarren

2

Verdampfen →
← Kondensieren

3

Modelle helfen, Dinge zu verstehen

5 Ein Globus ist ein Modell der Erdkugel

Du hast sicher schon Modelle kennengelernt, zum Beispiel einen Globus. Er ist ein Modell für die Erde. Von Zuhause kennst du sicher auch Modellautos, eine Puppenstube oder eine Modelleisenbahn. Es sind stark vereinfachte Modelle, die man zu verschiedenen Zwecken nutzt.

Modelle helfen

Mit einem Modell arbeitet man immer dann, wenn man eine Sache oder einen Vorgang vereinfacht darstellen oder ausprobieren will.

Bevor ein neuer Autotyp gebaut wird, testet man im Windkanal ein verkleinertes Modell, um den Luftwiderstand zu prüfen.

In der Biologie nutzt man ein Modell der Lunge, um die Vorgänge bei der Atmung zu zeigen.

Für sehr komplizierte Dinge wie die Entwicklung des Klimas nutzt man Berechnungen mit Computermodellen. Sie sollen voraussagen, wie sich zum Beispiel die Temperatur auf der Erde verändert, wenn weiter Abgase in die Luft gelangen.

Modelle haben Grenzen

Ein Modell kann immer nur bestimmte Eigenschaften aufzeigen, niemals alle. Modelle haben also Grenzen.

Auf einem Globus kannst du erkennen, wie die Verteilung von Land und Wasser ist. Doch du kannst damit nicht die Eigenschaften von Wasser erforschen; das Wasser beim Globus ist nur blaue Farbe.

Mit dem Modell zur Atmung kannst du keine Aussagen zu Krankheiten der Lunge machen; denn das Modell lebt nicht, es besteht aus Glas und Kunststoff.

Das Teilchenmodell hilft uns, die Bewegung und die Anordnung der kleinen Teilchen von Stoffen zu verstehen. Es verrät uns aber nicht, wie die Teilchen wirklich aussehen.

Material mit Aufgaben

M1 Ein Modell anwenden

Hast du schon gut verstanden, wie sich die kleinen Teilchen von Stoffen bewegen, wenn sie fest, flüssig oder gasförmig sind?

Mit diesem Modell kannst du es nochmal nachvollziehen. Die kleinen Teilchen kann man sich auch als tanzende Paare vorstellen.

1. ▌▌▌ Beschreibe, wie sich die Tanzpaare bei A, B und C jeweils verhalten.
2. ▌▌▌ Ordne die Abbildungen A, B und C einem bestimmten Aggregatzustand zu.
3. ▌▌▌ Erkläre, welche Eigenschaften der tanzenden Paare gut mit dem Teilchenmodell übereinstimmen.
4. ▌▌▌ Welche Eigenschaften der tanzenden Paare stimmen nicht mit dem Teilchenmodell überein?

Stoffe im Alltag

Stoffeigenschaften

Stoffe erkennt man an ihren Eigenschaften. Manche Eigenschaften kann man mit den Sinnesorganen feststellen, etwa Farbe und Geruch.

Andere Eigenschaften sind messbar, zum Beispiel die Schmelztemperatur und die Siedetemperatur. Dafür benötigt man Hilfsmittel, ein Thermometer.

mit den Sinnen feststellen	Farbe, Form Oberfläche 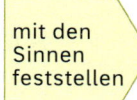	Geruch 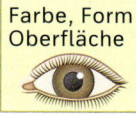	Geschmack 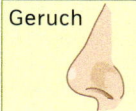	Klang 	Wärmeleit-fähigkeit, Oberfläche 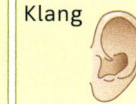

mit Hilfs-mitteln feststellen	Schmelz-temperatur, Siede-temperatur	Löslichkeit, Magnetisch	Dichte	Härte, Verform-barkeit	elektrische Leitfähig-keit

Dichte

Die Dichte gibt an, wie schwer 1 cm³ eines Stoffes ist. Berechnung:

Dichte = Masse : Volumen

Einheit: Gramm pro Kubikzentimeter

Löslichkeit

Die Löslichkeit gibt an, wie viel Gramm eines Stoffes sich in 100 Gramm Lösungsmittel lösen lassen. Dann liegt eine gesättigte Lösung vor.

Aggregatzustände

Stoffe können fest, flüssig oder gasförmig vorkommen. Dies sind die drei Aggregatzustände.

Die Schmelztemperatur gibt an, wann der Stoff vom festen in den flüssigen Zustand übergeht.

Die Siedetemperatur gibt an, wann ein Stoff vom flüssigen in den gasförmigen Zustand übergeht.

Teilchenmodell

Alle Stoffe sind aus sehr kleinen Teilchen aufgebaut. Die Teilchen eines Stoffes sind untereinander gleich groß und gleich schwer.

Die Teilchen sind in ständiger Bewegung. Erwärmt man einen Stoff, wird die Bewegung der Teilchen stärker. Als Gas sind die Teilchen völlig ungeordnet im Raum verteilt.

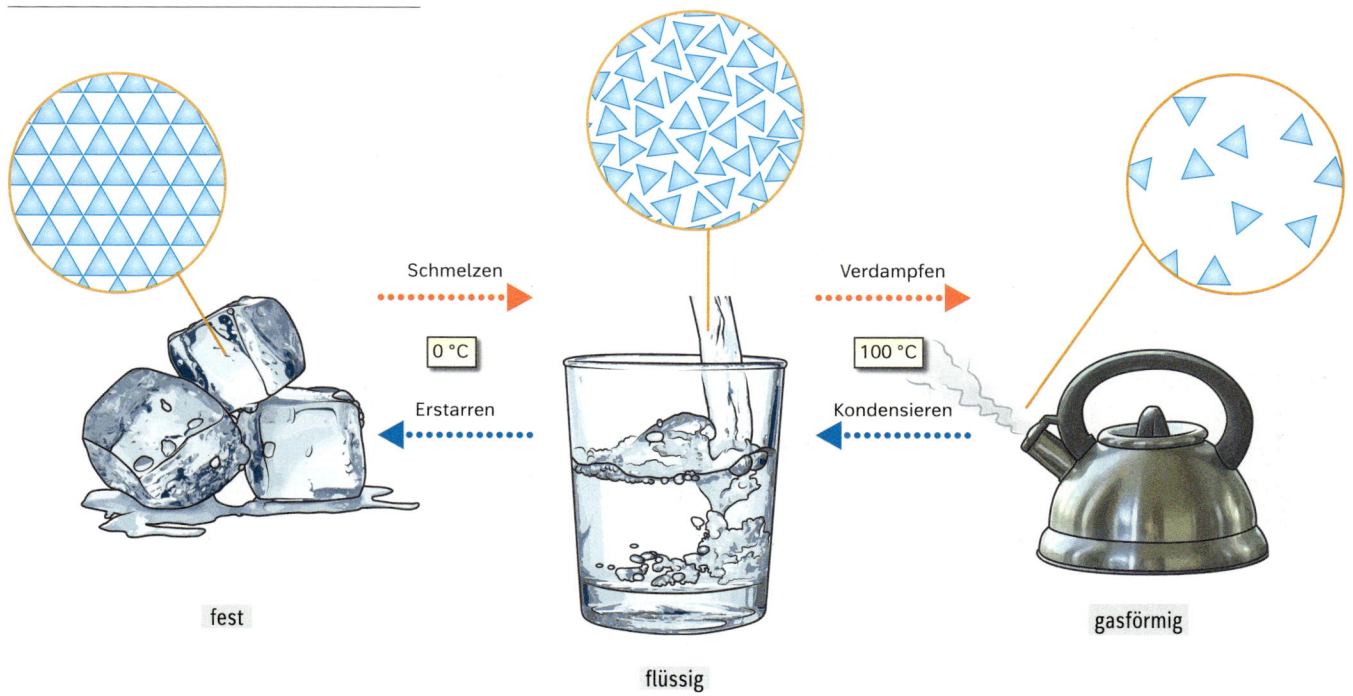

1 Stoffe erkennen

A ▮▮ Erkläre, was dieser Schüler beim Riechen eines Stoffes falsch macht.

B ▮▮ Nenne einige Stoffeigenschaften, die du mit den Sinnen feststellen kannst.

C ▮▮ Du sollst mit verbundenen Augen einen Holzwürfel von einem gleich großen Würfel aus Eisen unterscheiden. Was kannst du mit deinen Sinnen feststellen?

D ▮▮ Erkläre, weshalb sich ein Gegenstand aus Kunststoff wärmer anfühlt als einer aus Metall.

2 Elektrische Leitfähigkeit

A ▮▮ Nenne Stoffe, die elektrischen Strom leiten.

B ▮▮ Begründe, weshalb Stromkabel meistens mit Kunststoffen überzogen sind.

C ▮▮ Silber und Gold leiten den elektrischen Strom besser als Kupfer. Vermute, weshalb sie nicht für Kabel verwendet werden.

3 Weitere Stoffeigenschaften

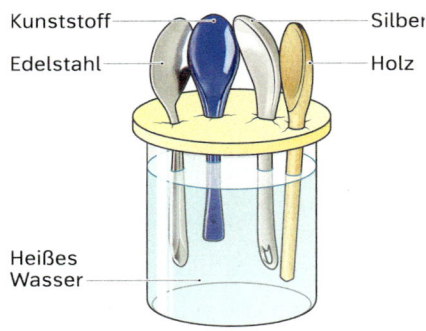

Kunststoff — Silber
Edelstahl — Holz
Heißes Wasser

A ▮▮ Nenne die Stoffeigenschaft, die man durch diesen Versuch untersuchen kann.

B ▮▮ Beschreibe kurz, wie der Versuch abläuft.

C ▮▮ Sand besteht in der Regel aus winzigen Quarzkörnchen. Begründe, weshalb er auch als Schleifmittel verwendet werden kann.

D ▮▮ Erläutere an Beispielen die Eigenschaften spröde und verformbar.

4 Die Dichte

A ▮▮ Eine Holzkugel ist genau gleich groß wie eine Eisenkugel. Begründe, weshalb sie dennoch unterschiedlich schwer sind.

B ▮▮ An einer Baustelle müssen mehrere Eimer Sand (Dichte 1,5 g/cm³) und mehrere Eimer Wasser transportiert werden.
Gib an, was anstrengender ist.

C ▮▮ Beschreibe ausführlich, wie du die Dichte eines unregelmäßig geformten Gegenstands bestimmen kannst.

5 Löslichkeit

A ▮▮ Formuliere jeweils einen Satz mit den Begriffen Lösung und Lösungsmittel.

B ▮▮ Du sollst feststellen, wie viel eines Stoffes sich in 100 Gramm Wasser lösen. Beschreibe, wie du vorgehen kannst.

C ▮▮ Dein kleiner Bruder glaubt nicht, dass sich auch Gase in Wasser lösen. Finde ein Beispiel, mit dem du ihn überzeugen kannst.

D ▮▮ Zwei Bechergläser sind mit Wasser gefüllt. In einem Becherglas ist ein fester Stoff gelöst.
Beschreibe, wie du in einem Experiment feststellen kannst, in welchem Becherglas die Lösung enthalten ist.

E ▮▮ Es dauert viel länger, bis sich ein großes Stück Salz gelöst hat als wenn man Salzkörnchen nimmt. Begründe das mithilfe des Teilchenmodells.

6 Drei ähnliche Stoffe

A ▮▮ Du hast drei ähnlich aussehende Stoffe vorliegen. Beschreibe, wie du herausfinden kannst, welcher davon Zucker ist. Geschmacksproben sind nicht erlaubt.

7 Stoffsteckbrief

Steckbrief von ???

Farbe:	???
Oberfläche:	metallisch glänzend
Härte:	mit Nagel ritzbar
Verformbarkeit:	gut verformbar
Elektrisch leitfähig:	ja
Wärmeleitfähigkeit	sehr gut
Löslichkeit in Wasser:	???
Schmelztemperatur:	1083 °C
Siedetemperatur:	2350 °C

A ▌▌ Der gesuchte Stoff (oben) lässt sich mit einem Nagel ritzen. Was bedeutet das?

B ▌▌ Nenne Gründe, die dafür sprechen, dass es sich um ein Metall handelt.

C ▌▌ Finde mithilfe dieses Buches heraus, worum es sich handelt. Ergänze die beiden fehlenden Angaben.

8 Eisbildung in der Küche

A ▌▌▌ Nimmt man ein Kühlelement aus dem Tiefkühlfach, bildet sich innerhalb kurzer Zeit Eis daran. Finde eine Erklärung für diesen Vorgang.

B ▌▌ Nenne das Fachwort hierfür.

9 Aggregatzustände

A ▌▌▌ Formuliere zwei Sätze und verwende dabei die beiden Verben schmelzen und verdampfen.

B ▌▌ Nenne das Fachwort für den Vorgang, wenn flüssiges Wasser zu festem Eis wird.

C ▌▌ Erkläre, was geschieht, wenn Wasserdampf kondensiert.

D ▌▌▌ Frisch gewaschene Wäsche wird im Winter im Freien aufgehängt. Die Temperatur ist unter 0 °C.
Mehrere Tage später ist die Wäsche tatsächlich getrocknet.
Erkläre, welche beiden Vorgänge dabei abgelaufen sind.

10 Schmelz- und Siedetemperatur
Vervollständige folgende Sätze:

A ▌▌ Der Stoff, der bei 0 °C schmilzt und bei 100 °C siedet …

B ▌▌ Schmelz- und Siedetemperatur sind wichtige messbare Eigenschaften, die für jeden …

C ▌▌▌ Nicht alle Stoffe haben eine Schmelztemperatur. Manche …

11 Teilchenmodell

A ▌▌ Wasser und Zucker sind Stoffe. Beschreibe sie mithilfe des Teilchenmodells.

B ▌▌ Erkläre, wie es sein kann, dass sich Zucker in einem Glas Tee auch löst, wenn keiner umrührt.

C ▌▌ Ein Farbstoff löst sich in Wasser. Erstelle dazu eine einfache Skizze im Teilchenmodell.

D ▌▌▌ Begründe, wie sich ein Lösevorgang beschleunigen lässt.

12 Aggregatzustand im Modell

A ▌▌ Vermute und begründe, welcher Aggregatzustand von den Schülern oben dargestellt werden soll.

B ▌▌ Beschreibe die Wachsteilchen einer Kerze beim Übergang vom festen in den flüssigen Zustand.

C ▌▌ Beschreibe diesen Aggregatzustand im Teilchenmodell:

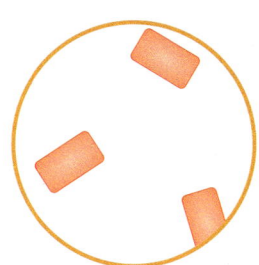

Stoffgemische

Was sind Reinstoffe?

Was geschieht, wenn man sich einen Tee zubereitet?

Wie kann man Salz gewinnen?

3

Vielleicht hast du es selbst
schon einmal sehen können:
In manchen heißen Ländern
am Meer gewinnt man Salz
aus dem Meerwasser.
Die Sonne lässt das Wasser in
flachen Becken verdunsten,
das Salz bleibt übrig.

Ganz ähnliche Methoden setzt
man in der Chemie ein, um
gezielt Stoffe aus einem
Stoffgemisch abzutrennen.

Kochsalz　　Kräutersalz

Wie unterscheiden sich Kochsalz und Kräutersalz?

▶II F

1 Kochsalz und Kräutersalz

Reinstoffe und Gemische

Reinstoffe – nur ein Stoff

Kochsalz besteht ausschließlich aus kleinen Salzkristallen. Auch unter einer Lupe sehen sie alle sehr ähnlich aus; und alle haben die gleichen Stoffeigenschaften. Stoffe, die aus einer einzigen Stoffart bestehen, bezeichnet man als **Reinstoffe**.

Gemische – mehr als ein Stoff

Bei Kräutersalz kann man schon mit dem bloßen Auge verschiedene Bestandteile erkennen. Neben den weißlichen Salzkristallen findet man verschiedene farbige Kräuterstückchen. Kräutersalz besteht aus mehreren Stoffen mit unterschiedlichen Stoffeigenschaften. Es ist ein **Stoffgemisch**.

Reinstoffe bestehen nur aus einer Stoffart. Stoffgemische bestehen aus mindestens zwei Reinstoffen.

Material mit Aufgaben

P1　**Reinstoff und Stoffgemisch**

Material: Lupe, in Schälchen Stoffe wie Waschpulver, Kochsalz, Zucker, Brausepulver, Sand

Durchführung: Prüfe mit der Lupe, ob es Reinstoffe oder Stoffgemische sind.

1. ▮▮ Gib an, wie du Reinstoffe und Stoffgemische unterschieden hast.
2. ▮▮ Vergleiche bei Brausepulver mit der Zutatenliste auf der Packung.

Stoffe im Labor und im Alltag

In chemischen Labors arbeitet man sehr oft mit Reinstoffen. Doch es ist ein sehr großer Aufwand, Stoffe so zu reinigen, dass sie nur aus einem einzigen Stoff bestehen. Tatsächlich sind auch in „reinen" Chemikalien oft noch winzige Mengen anderer Stoffe enthalten. Doch das spielt meistens keine Rolle.
Im Alltag und in der Natur haben wir es sehr oft mit Stoffgemischen zu tun.

Reinstoffe im Teilchenmodell

Ein Reinstoff besteht nur aus einer einzigen Teilchenart. Die einzelnen Teilchen sind untereinander gleich. Kochsalz besteht nur aus Kochsalzteilchen, Wasser besteht nur aus Wasserteilchen.

Stoffgemische im Teilchenmodell

Stoffgemische enthalten zwei oder mehr verschiedene Teilchenarten. So besteht eine Kochsalzlösung aus Wasserteilchen und Kochsalzteilchen. Eine Zuckerlösung besteht aus Wasserteilchen und Zuckerteilchen.

Homogene Gemische

Eine Kochsalzlösung ist klar und durchsichtig. Die einzelnen Bestandteile Wasser und Kochsalz sind so fein verteilt, dass sie selbst in einem Mikroskop nicht zu erkennen sind. Es ist ein einheitlich aussehendes Gemisch. Das Fachwort dafür heißt **homogen.**

Heterogene Gemische

Kräutersalz oder Müsli gehören zu den **heterogenen** Gemischen. Es sind Gemische, die nicht einheitlich aussehen. Man kann die verschiedenen Bestandteile mit dem Auge, einer Lupe oder mit einem Mikroskop unterscheiden.

Homogene Gemische sehen einheitlich aus. Man kann die einzelnen Bestandteile nicht erkennen.
Bei heterogenen Gemischen kann man unterschiedliche Bestandteile erkennen. Sie sehen nicht einheitlich aus.

A Erläutere die Begriffe Reinstoff und Stoffgemisch am Teilchenmodell.

2   Im Teilchenmodell: **A** Reinstoff, **B** Stoffgemisch aus zwei verschiedenen Stoffen

3   Homogenes Gemisch: klarer Apfelsaft

4   Heterogenes Gemisch: Müsli

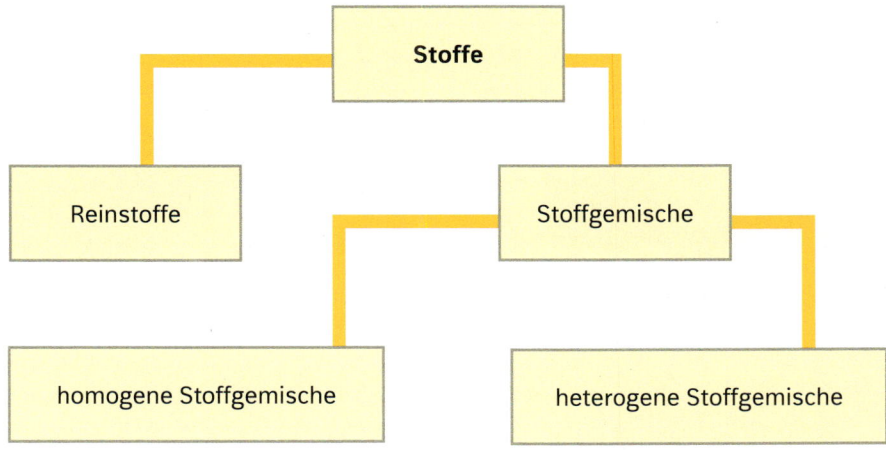

6   Einteilung der Stoffe

1 Sogar beim Frühstück: überall sind Stoffgemische

Stoffgemische überall

Lösungen

Ein Tee sieht einheitlich und klar aus, auch wenn man ein Stückchen Zucker darin gelöst hat. Es handelt sich also um ein homogenes Gemisch, eine **Lösung.**

Lösungen entstehen zum Beispiel, wenn sich ein **fester Stoff** wie Zucker in Wasser löst.

Bei Sprudelgetränken ist ein **Gas** in Wasser gelöst, Kohlenstoffdioxid. Und bei Wein handelt es sich um eine Lösung des **flüssigen** Trinkalkohols in Wasser.

Gasgemisch

Ein typisches Gasgemisch ist unsere Luft. Doch da diese Gase farblos sind, können wir nichts davon sehen.

Material mit Aufgaben

M1 **Stoffgemische im Teilchenmodell**

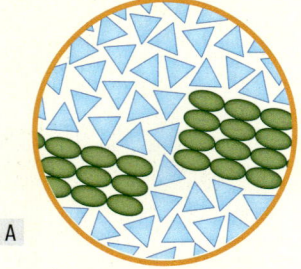

A

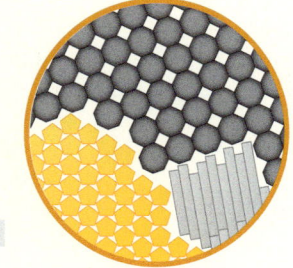

B

C

1. ▍▍ Schreibe zu jeder Abbildung auf, welche Informationen du aus ihnen entnehmen kannst.

2. ▍▍ Vermute, um welche Gemische es sich handeln könnte. Begründe deine Entscheidungen. ➕

3. ▍▍ Erläutere, welche Gemische homogen und welche heterogen sind.

Suspension

Eine Flasche Orangensaft schüttelt man vor dem Öffnen, damit sich die festen Fruchtteilchen gleichmäßig verteilen. Sie sind in Wasser unlöslich und setzen sich am Boden der Flasche ab. Ein solches Stoffgemisch heißt **Suspension** oder auch Aufschlämmung. Auch wenn du Sand in Wasser gibst, entsteht eine Suspension.

Emulsion

Wasser und Öl mischen sich nicht. Verrührt man die beiden Flüssigkeiten kräftig, bildet sich eine milchige Mischung aus Öltröpfchen in Wasser. So ein Gemisch nennt man **Emulsion**. Ein einfaches Öl-Wasser-Gemisch ist nicht stabil; nach kurzer Zeit entmischen sich die beiden Flüssigkeiten wieder.
Eine stabile Emulsion dagegen ist die Milch. Hier schweben die kleinen Öltröpfchen dauerhaft in Wasser. In einem Mikroskop kann man sie erkennen.

Weitere Gemische

Von **Rauch** spricht man, wenn feste Teilchen in einem Gas verteilt sind; etwa bei einem Feuer oder in Autoabgasen.
Bei **Nebel** befinden sich kleine Wassertröpfchen fein verteilt in der Luft.
Bringt man Gas in eine Flüssigkeit oder einen Feststoff ein, entsteht **Schaum.** Müsli, Vogelfutter aber auch das Gestein Granit sind Mischungen aus mehreren festen Stoffen. Es sind **Feststoffgemische**.

A Nenne die drei Arten von Lösungen.
B Vergleiche die Gemische Suspension und Emulsion miteinander.

Lösung

Tee mit Zucker:
fest in flüssig

Lösung

Sprudelgetränk:
gasförmig in flüssig

Lösung

Wein:
flüssig in flüssig

Gasgemisch

Luft:
gasförmig in gasförmig

Suspension

Sand in Wasser:
fest in flüssig

Emulsion

Milch:
flüssig in flüssig

Nebel

Nebel:
flüssig in gasförmig

Rauch

Rauch:
fest in gasförmig

Schaum
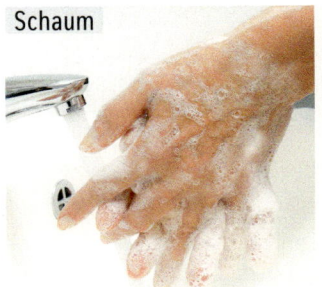

Seifenschaum:
gasförmig in flüssig

Feststoffgemisch (Gemenge)

Granit:
fest in fest

2 Für verschiedene Arten von Gemischen gibt es besondere Fachbegriffe

Ein Radlader transportiert Steinsalz ab.
Wozu braucht man Steinsalz?

1 Abbau von Steinsalz

Salz aus dem Boden

Kochsalz ist lebenswichtig

Wir essen jeden Tag Speisen, die mit Kochsalz zubereitet werden. Kochsalz spielt im unseren Alltag eine wichtige Rolle: als Gewürz, Konservierungsmittel oder auch als Streusalz. Für unseren Körper ist Kochsalz lebenswichtig, vor allem für den Wasserhaushalt und das Nervensystem.

Salz: früher wertvoll wie Gold

Kochsalz war im Mittelalter eine begehrte und teure Ware. Man benötigte es dringend, um Fleisch und Fisch zu konservieren. Es gab ja noch keine Kühlschränke.

Gewinnung von Salz

Heute wird Kochsalz in großen Mengen preiswert gewonnen:
- In heißen Ländern an Meeresküsten lässt man das salzige Meerwasser in der Sonne verdunsten. Das Salz bleibt übrig.
- In manchen Regionen gibt es salzhaltiges Grundwasser. Man dampft es ein und erhält das so genannte Siedesalz.
- Bei uns wird Salz vor allem aus unterirdischen Lagerstätten gewonnen. Der Rohstoff Steinsalz wird mithilfe von Baggern und Sprengstoff abgebaut. Dabei gewinnt man ein **Gemisch**, das neben Salz auch Steine und Sand enthält.
Die Gewinnung von Kochsalz aus Steinsalz lässt sich im Labor nachvollziehen.

Material mit Aufgaben

P1 Salz gewinnen

Material: nach eigener Planung, Gemisch aus kleinen Steinchen, Salz, Sand und Wasser

Durchführung: Plant zunächst in der Gruppe die Trennung des Gemischs, um das Salz zu gewinnen. Trennt es mithilfe der im Text angegebenen Trennverfahren. Beginnt aber erst, wenn die Lehrkraft zugestimmt hat.
1. ▌▌ Beschreibt den Trennvorgang.

Zerkleinern und Lösen

Das Steinsalz wird erst grob zerkleinert und dann in einer Reibschale fein zerrieben. Dann gibt man das Gemisch in ein Becherglas mit Wasser und rührt gut um. Das Salz **löst sich** sehr gut in Wasser. Sand und Gestein lösen sich nicht. Sie sinken nach einiger Zeit zu Boden und setzen sich dort ab.

Filtrieren und Eindampfen

Im Salzwasser befinden sich noch feine Schwebstoffe und winzige Sandkörnchen. Deshalb **filtriert** man die Flüssigkeit. Die feinen Poren des Filterpapiers wirken wie ein Sieb. Das gelöste Salz gelangt im Wasser hindurch, die ungelösten Verunreinigungen bleiben als **Rückstand** im Filter zurück. Dieses Trennverfahren heißt **Filtrieren**. Dabei nutzt man die unterschiedliche Teilchengröße der Stoffe zur Trennung.

Nun wird die Salzlösung **stark erhitzt.** Das Wasser verdampft und das zuvor gelöste Salz bleibt zurück. Dabei nutzt man die unterschiedlichen Siedetemperaturen der Stoffe. Dieses Trennverfahren nennt man **Eindampfen**.

Durch verschiedene Trennverfahren lassen sich Stoffgemische in Reinstoffe zerlegen. Dabei nutzt man die unterschiedlichen Eigenschaften der Stoffe.

A Nenne die Trennverfahren bei der Gewinnung von Kochsalz.

Material mit Aufgaben

M2 Kochsalz aus Steinsalz

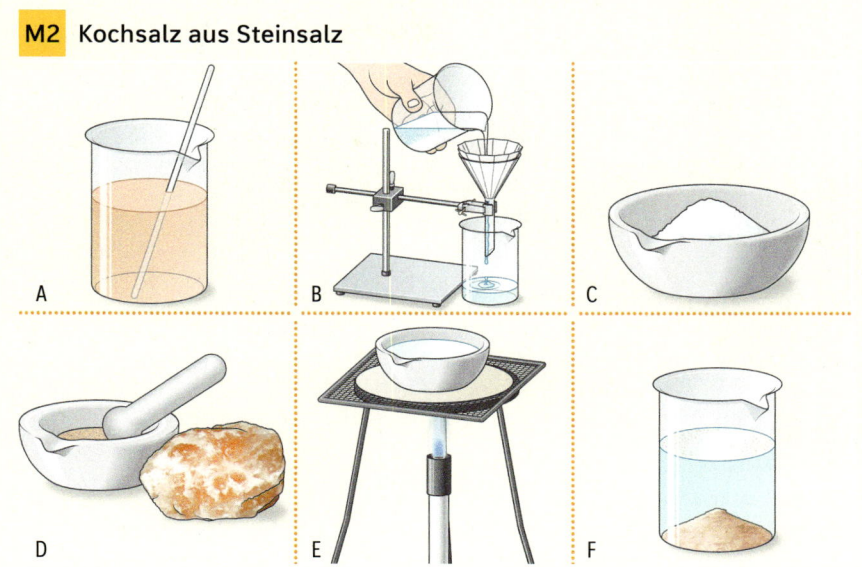

1. ▮▮ Bringe die Bilder in eine sinnvolle Reihenfolge.

2. ▮▮ Finde für die Bilder A-F passende Überschriften. ➕

M3 Eindampfen im Teilchenmodell ⏸ F

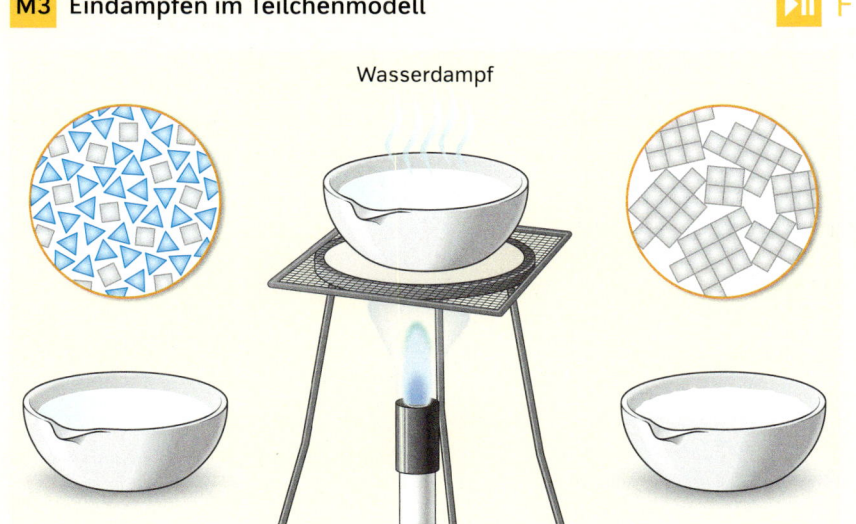

Wasserdampf

1. ▮▮ Erläutere, welche Stoffeigenschaft beim Eindampfen genutzt wird..

2. ▮▮ Beschreibe das Filtrieren eines Gemischs aus Sand, Salz und Wasser im Teilchenmodell.

1 Wasserhahn am Meer

Destillation

Trinkwasser aus Meerwasser
In heißen Ländern am Meer wird ein Teil des Trinkwassers aus Meerwasser gewonnen. Das Meerwasser wird dazu in großen, mit Glas überdachten Anlagen von der Sonne erwärmt.

Nur das reine Wasser **verdunstet.** Der Wasserdampf steigt auf und **kondensiert** dann an den kühlen Glasflächen. Das flüssige Wasser fließt an den Scheiben herunter und wird aufgefangen. Das Salz verbleibt im Meerwasser, denn es hat eine viel höhere Siedetemperatur als das Wasser.

Destillation im Schullabor
Auch im Schullabor kann man aus Salzwasser Trinkwasser gewinnen. Dazu wird Salzwasser in einem Kolben bis zum Sieden erhitzt. Der aufsteigende Wasserdampf enthält kein Salz, denn das Salz siedet erst bei viel höheren Temperaturen. Der Wasserdampf wird nun gekühlt, damit er wieder flüssig wird. Dazu nutzt man den **Liebigkühler.** Er besteht aus einem inneren Rohr und einem äußeren Rohr.

Material mit Aufgaben

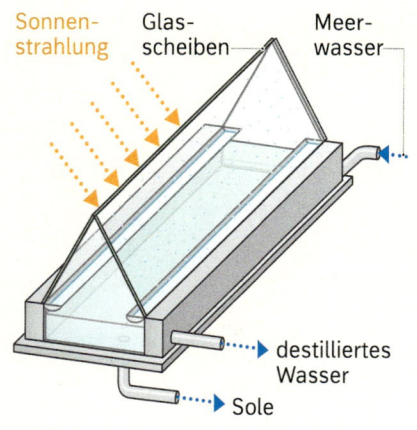

Sonnen-strahlung
Glas-scheiben
Meer-wasser
destilliertes Wasser
Sole

M1 **Trinkwassergewinnung**

1. ▮▮ Beschreibe den Aufbau einer einfachen Entsalzungsanlage.
2. ▮▮ Erkläre die Funktionsweise der Entsalzungsanlage. ➕
3. ▮▮ Plane einen Versuch, bei dem du das Prinzip einer Entsalzungsanlage zeigen kannst.

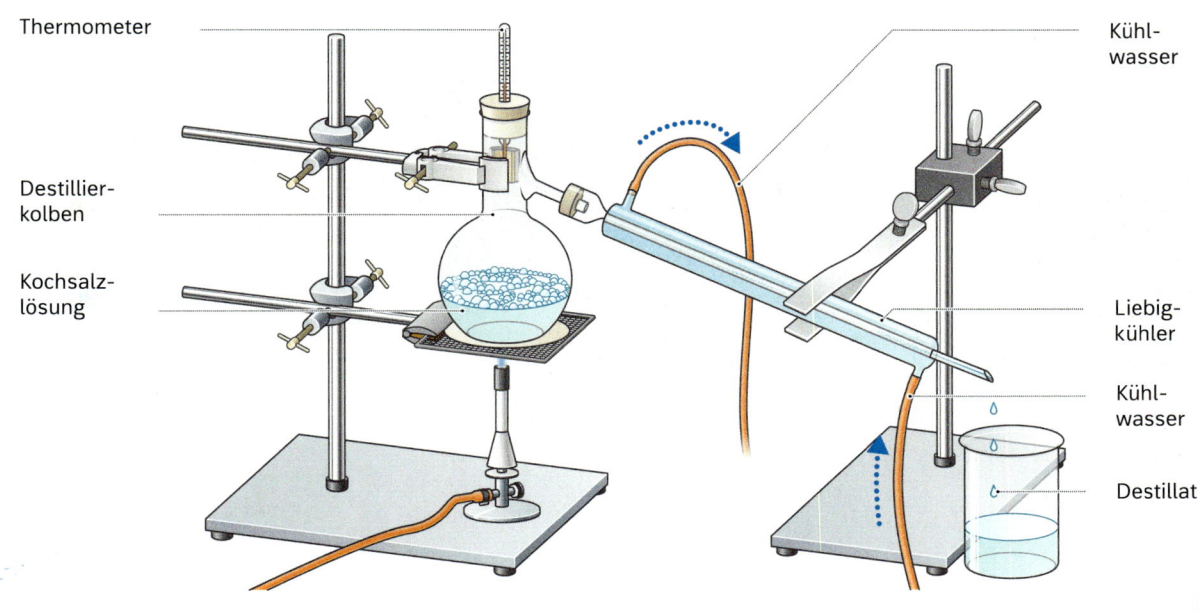

Thermometer	Kühl-wasser
Destillier-kolben	
Kochsalz-lösung	Liebig-kühler
	Kühl-wasser
	Destillat

2 Destillations-Apparatur

▶❚❚ F

Durch das innere Rohr strömt der heiße Wasserdampf. Durch das äußere Rohr fließt in der entgegen gesetzten Richtung kaltes Wasser, was das Kondensieren beschleunigt. Der Wasserdampf kondensiert an dem gekühlten Glasrohr und sammelt sich als **Destillat** im Auffanggefäß.

Das Verdampfen und anschließende Kondensieren nennt man **Destillation**.

Mithilfe einer Destillation lassen sich Stoffe voneinander trennen. Entscheidend sind die unterschiedlichen Siedetemperaturen.

A Nach welchem Prinzip erfolgt die Stofftrennung bei einer Destillation?

B Finde zwei Unterschiede zwischen der Entsalzungsanlage (M1) und der Destillations-Apparatur (Abb. 3).

Material mit Aufgaben

P2 Destillation – ganz einfach

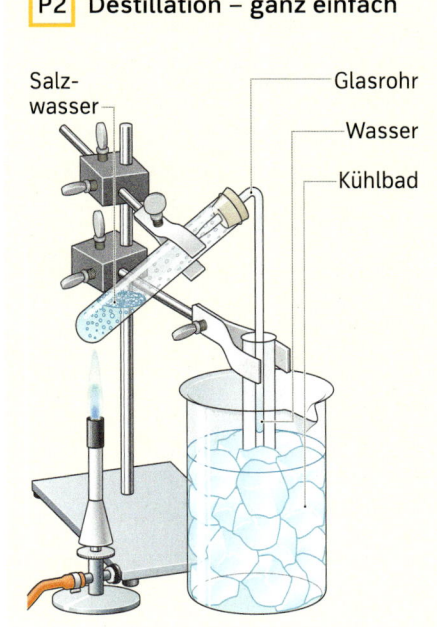

Salz-wasser

Glasrohr

Wasser

Kühlbad

Material: Becherglas (mind. 250 ml), 2 Reagenzgläser, passender Stopfen mit Bohrung, passendes Glasrohr (abgewinkelt), Siedesteinchen, Gasbrenner, Stativmaterial, Salzlösung, Kühlwasser (Wasser m. Eiswürfeln)

Durchführung: Führt den Versuch in der Gruppe durch, wie abgebildet.

1. ❚❚❚ Beschreibe das Ergebnis dieses Versuchs.
2. ❚❚❚ Erkläre, weshalb es wichtig ist, nicht zu viel von der Salzlösung in das Reagenzglas zu füllen.
3. ❚❚❚ Nenne Vor- und Nachteile dieser einfachen Apparatur. ✛

Wie können Sand und Wasser wieder getrennt werden?

1 Sand sinkt zu Boden

Weitere Trennverfahren

Sedimentieren und Zentrifugieren
In einem Gemisch aus Sand und Wasser schweben viele Feststoffe. Es handelt sich dabei um eine **Suspension**. Die festen Teilchen setzen sich mit der Zeit langsam am Boden ab. Sie haben im Vergleich zu Wasser eine höhere Dichte. Diesen Vorgang bezeichnet man als **Sedimentieren (Absetzenlassen)**.

Die Sandteilchen am Boden nennt man Bodensatz oder **Sediment**.
Das Sedimentieren kann man beschleunigen, indem man das Gemisch schnell dreht. Dabei werden die Feststoffe der Suspension nach außen geschleudert und setzen sich schneller ab. Dieses Trennverfahren bezeichnet man als **Zentrifugieren**.

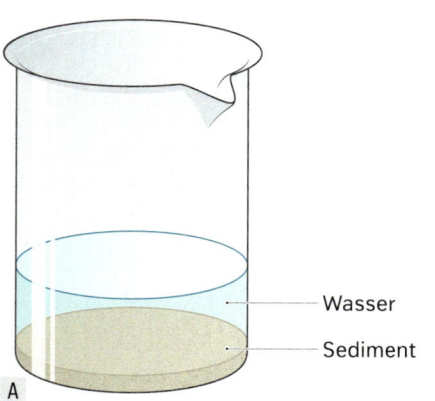

Wasser

Sediment

A

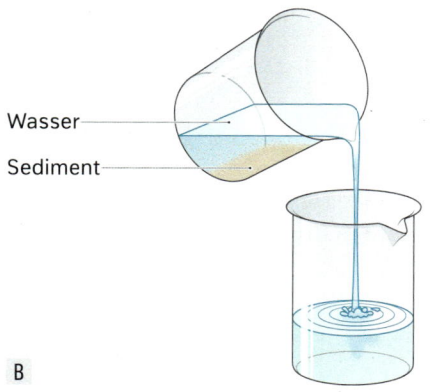

Wasser

Sediment

B

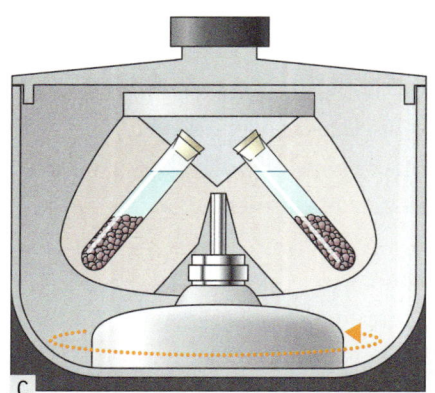

C

2 Trennverfahren: **A** Sedimentieren, **B** Dekantieren, **C** Zentrifugieren

 F

Dekantieren

Nach dem Sedimentieren oder Zentrifugieren haben sich die Sandteilchen wegen ihrer höheren Dichte am Boden abgesetzt. Darüber steht eine klarere Flüssigkeit. Diese Flüssigkeit kann man abgießen. Durch vorsichtiges und langsames **Abgießen** lässt sich die Flüssigkeit vom Bodensatz trennen. Diese Methode nennt man **Dekantieren**. Falls noch Feststoffe im Wasser vorhanden sind, kann das Gemisch noch filtriert werden.

Adsorbieren

Tintenwasser ist eine Lösung. Mithilfe eines Filters können die Tintenteilchen und Wasserteilchen nicht getrennt werden. Dafür kann man ein besonderes Trennverfahren nutzen. Dazu wird dem Tintenwasser Aktivkohle zugesetzt. Dieser Feststoff löst sich nicht im Tintenwasser. Aktivkohlekörnchen sind sehr rau und haben eine große Oberfläche. An dieser bleiben die Tintenteilchen aufgrund ihrer **Haftfähigkeit** hängen. Anschließend wird das Gemisch mit den anhaftenden Tintenteilchen filtriert. Das Trennverfahren, bei dem man das Haften eines Stoffs an einer Oberfläche nutzt, nennt man **Adsorbieren**. Bei diesem Trennverfahren nutzt man die unterschiedliche Haftfähigkeit von Stoffen. Die Aktivkohle wird bei diesem Trennverfahren als **Adsorptionsmittel** eingesetzt. Mit ihr können aus Flüssigkeiten und Gasen unerwünschte ungelöste und gelöste Stoffe entfernt werden. ▷

A Nenne alle im Text genannten Trennverfahren und beschreibe sie.

Material mit Aufgaben

M1 Trennverfahren in der Küche

Salatschleuder

Fettkännchen

1. ▌▌ Beschreibe, wie die beiden abgebildeten Küchengeräte funktionieren.

2. ▌▌ Erkläre, welches Stofftrennverfahren und Stoffeigenschaften bei den Geräten genutzt werden. ✚

M2 Filtration und Adsorption   ▷❚❚ F

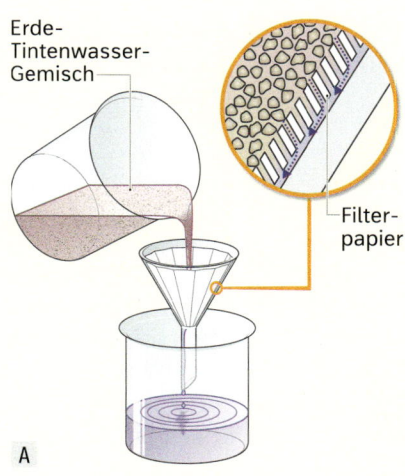
Erde-Tintenwasser-Gemisch
Filterpapier
A

Erde-Tintenwasser-Gemisch
Aktivkohle
klares Wasser
B

1. ▌▌ Beschreibe das Ergebnis in Bild B, wenn das Gemisch durch einen Aktivkohlefilter gegeben wird.
2. ▌▌ Nenne die in den Bildern A und B dargestellten Trennverfahren.

3. Wähle eine der Aufgaben aus:
a ▌▌ Erkläre das Prinzip des Stofftrennverfahrens bei Bild A.
b ▌▌▌ Erkläre das Prinzip des Stofftrennverfahrens bei Bild B.
4. ▌▌▌ Erkläre, weshalb die Aktivkohlekörnchen stark zerklüftet sind.

▶‖ F

Extrahieren

Hält man einen Teebeutel mit Teeblättern in Wasser, bilden sich farbige Schlieren. Bei der Zubereitung von Tee löst das heiße Wasser die Geschmacks- und Farbstoffe aus den Teeblättern. Sie werden **extrahiert**. Das Wasser ist dabei das **Extraktionsmittel**. Im Teebeutel bleiben nicht gelöste Feststoffe zurück. Bei der Extraktion wird die unterschiedliche **Löslichkeit** der Gemischbestandteile genutzt.

Auch bei der Herstellung von Parfüm nutzt man das Verfahren der **Extraktion**. Dabei versetzt man die dufthaltigen Pflanzenteile meist mit Trinkalkohol als Extraktionsmittel, denn in Wasser sind die Duftstoffe oft nicht löslich.
Das so gewonnene Gemisch kann dann zu Parfüm verarbeitet werden.

B Nenne die Stoffeigenschaft, die man beim Extrahieren nutzt.

Material mit Aufgaben

▶‖ F

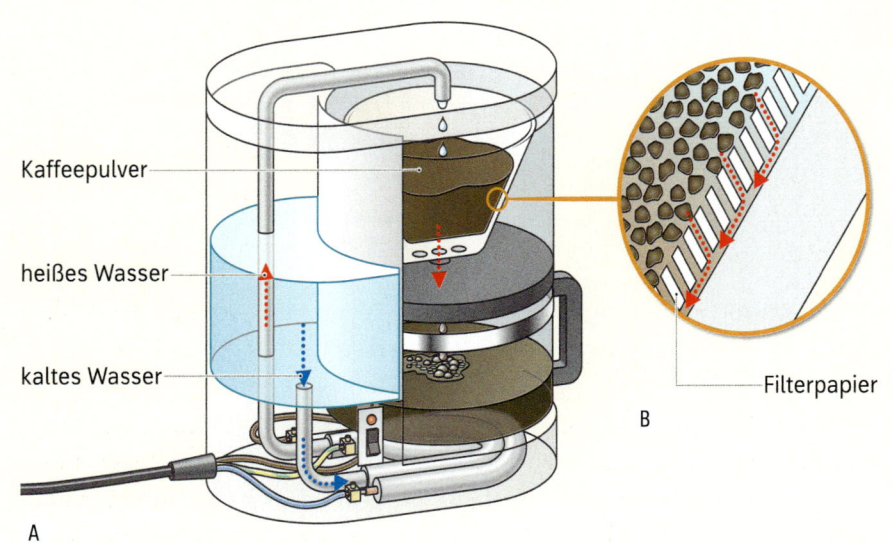

Kaffeepulver

heißes Wasser

kaltes Wasser

Filterpapier

B

A

M3 **Filterkaffee brühen**

1. ▮▮ Beschreibe mithilfe von Bild A das Brühen von Filterkaffee.
2. ▮▮ Nenne die zwei Trennverfahren, die zum Einsatz kommen. ⊞
3. ▮▮ Erkläre mithilfe von Bild B das Trennverfahren Filtration. ⊞
4. Wähle eine der Aufgaben aus:
a ▮▮ Erläutere, welche Stoffeigenschaft des Kaffepulvers genutzt wird.
b ▮▮ Erläutere, um welchen Gemischtyp es sich bei fertig gebrühtem Kaffee handelt.

Chromatografie

Chromatografie

Schwarze und bunte Filzstiftfarben sind je nach Hersteller aus unterschiedlichen Farbstoffen zusammengesetzt. Es sind oft Gemische. Filzstiftfarbe verläuft auf Filtrierpapier, wenn sie mit Wasser in Verbindung kommt. Dabei kann man bunte Muster erkennen.

Hält man das Filtrierpapier mit den Filzstiftpunkten in Wasser, steigt das Wasser langsam im Papier nach oben. Die Farbstoffe der Filzstiftpunkte werden mittransportiert und dabei voneinander getrennt. Die Farbstoffe, die nur schlecht am Filtrierpapier haften, werden schneller mittransportiert. Farbstoffe, die gut am Papier haften, wandern langsamer durch das Filtrierpapier. Wegen dieser unterschiedlichen **Haftfähigkeit** der Farbstoffe trennt sich das Farbstoffgemisch des Filzstifts auf. Man kann die unterschiedlichen Farbstoffe auf dem Filtrierpapier deutlich erkennen.

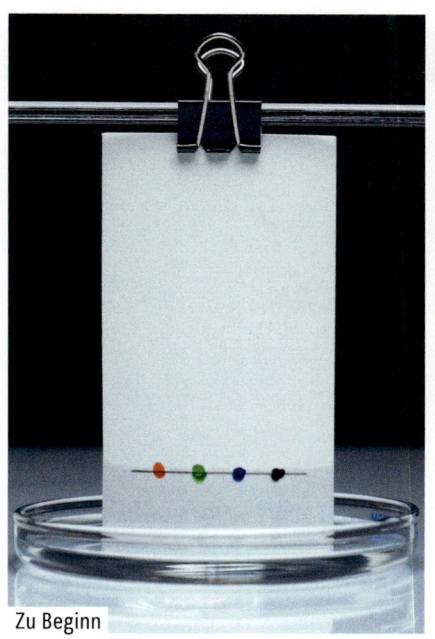
Zu Beginn

Nach einiger Zeit

 F

1 Entstehung Chromatogramm

Man bezeichnet dieses Trennverfahren als **Chromatografie**. Das dabei entstandene Bild der getrennten Stoffe heißt **Chromatogramm**.

Material mit Aufgaben

P1 **Chromatografie von Filzstiften**

Material: 2 Rundfilterpapiere, Petrischale, wasserlösliche Filzstifte

Durchführung: Fülle etwas Wasser in eine Petrischale. Stich in die Mitte des einen Rundfilterpapiers ein Loch. Male mit einem dunklen Filzstift mit etwas Abstand einen Kreis um das Loch. Rolle danach einen etwa 3 cm breiten Streifen Filterpapier zu einem schmalen Docht zusammen. Stecke ihn durch das Loch des Rundfilterpapiers. Der Docht muss unten in das

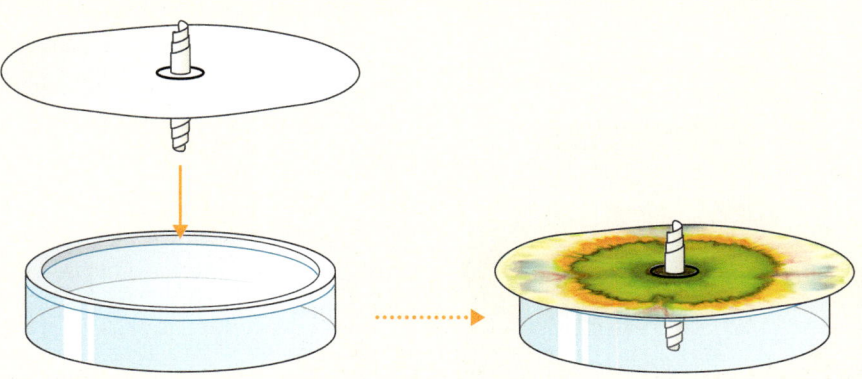

Wasser der Petrischale eintauchen. Der Farbstoffkreis sollte nach oben zeigen. Warte einige Zeit und beobachte, was passiert.

1. ▊▊ Erkläre die Versuchsergebnisse.
2. ▊▊▊ Vergleicht die Chromatogramme in der Klasse. Stellt Vermutungen über die Unterschiede an.

Warum muss Müll in verschiedene Tonnen sortiert werden?

1　Müll wird getrennt

Müll wird getrennt

Wachsender Müllberg

Im Supermarkt sind die meisten Waren mit unterschiedlichen Verpackungen verpackt. Manche Waren wie Schokolade oder Parfüm sind sogar mehrfach verpackt. Jährlich fallen in Deutschland pro Kopf etwa 600 Kilogramm Müll an.

Mülltrennung

Viele Müllbestandteile sind wertvoll. Müll wird daher in verschiedene Behälter sortiert. **Papier** kommt in die blaue Tonne, **Küchen- und Gartenabfälle** kommen als Biomüll in die braune Biotonne oder auf den Kompost. **Glas** wird nach Farben sortiert und kommt in Glascontainer. **Wertstoffe** wie Alufolie, Konservendosen und Kunststoffverpackungen werden in der gelben Tonne oder dem gelben Sack gesammelt. Metalle oder Elektrogeräte bringt man zum Wertstoffhof. Babywindeln, Staubsaugerbeutel oder Papiertaschentücher sind **Restmüll.** Dieser kommt in die schwarze Restmülltonne.

Sondermüll

Müll wie Farbreste oder Batterien sind für Mensch und Umwelt schädlich. Sie müssen als **Sondermüll** beim Händler oder auf Wertstoffhöfen gesammelt werden. Batterien können oft in Läden in Sammelbehälter eingeworfen werden.

In der Müllsortieranlage

Wertstoffmüll wird oft zu einer **Müllsortieranlage** gefahren. Er wird dort zunächst auf automatische Förderbänder verteilt. Bei vielen Sortieranlagen können Menschen bestimmte Materialien aufgrund ihres Aussehens oder ihrer Größe **aussortieren,** man sagt auch **auslesen.** Anschließend sortieren Maschinen die Materialien. Sie nutzen dabei die unterschiedlichen Stoffeigenschaften der Wertstoffe.

Zuerst werden mithilfe von **Sieben** kleine von großen Gegenständen getrennt. Die Größe der Maschen eines Siebes bestimmt, was hindurchfällt und was nicht durchfällt.

2　Müllberge

▸ **Windsichten:** Leichte Stoffe wie Papier oder Kunststofffolien werden durch starke Gebläse in verschiedene Behälter geblasen. Die schweren Gegenstände bleiben auf dem Förderband.

▸ **Magnettrennen:** Im Wertstoffmüll befinden sich auch Gegenstände, die Eisen, Kobalt oder Nickel enthalten. Diese Stoffe sind **magnetsierbar**. Magnetisierbare Stoffe werden von einem Magneten angezogen und so vom übrigen Müll getrennt.

▸ **Schwimm-Sink-Verfahren:** Der übrig gebliebene Müll wird zerkleinert und im Wasserbecken nach der **Dichte** der Stoffe getrennt. Papier und Kunststoffe mit geringer Dichte schwimmen auf dem Wasser und werden abgefischt. Andere Kunststoffarten haben eine größere Dichte und sinken unterschiedlich schnell zu Boden. So lassen sie sich aussortieren. Glas oder im Müll gebliebene nicht magnetisierbare Metallteile sinken ebenfalls schneller zu Boden.

A Nenne die verschiedenen Arten von Müll.

B Ordne folgende Materialien der passenden Müllsorte zu: Kartoffelreste, Zeitung, leere Gummibärchenverpackung, leeres Marmeladenglas, benutzte Babywindeln, Autolack.

C Erläutere, warum die Trennung von Müll wichtig ist.

Material mit Aufgaben

M1 Trennverfahren einer Müllsortieranlage

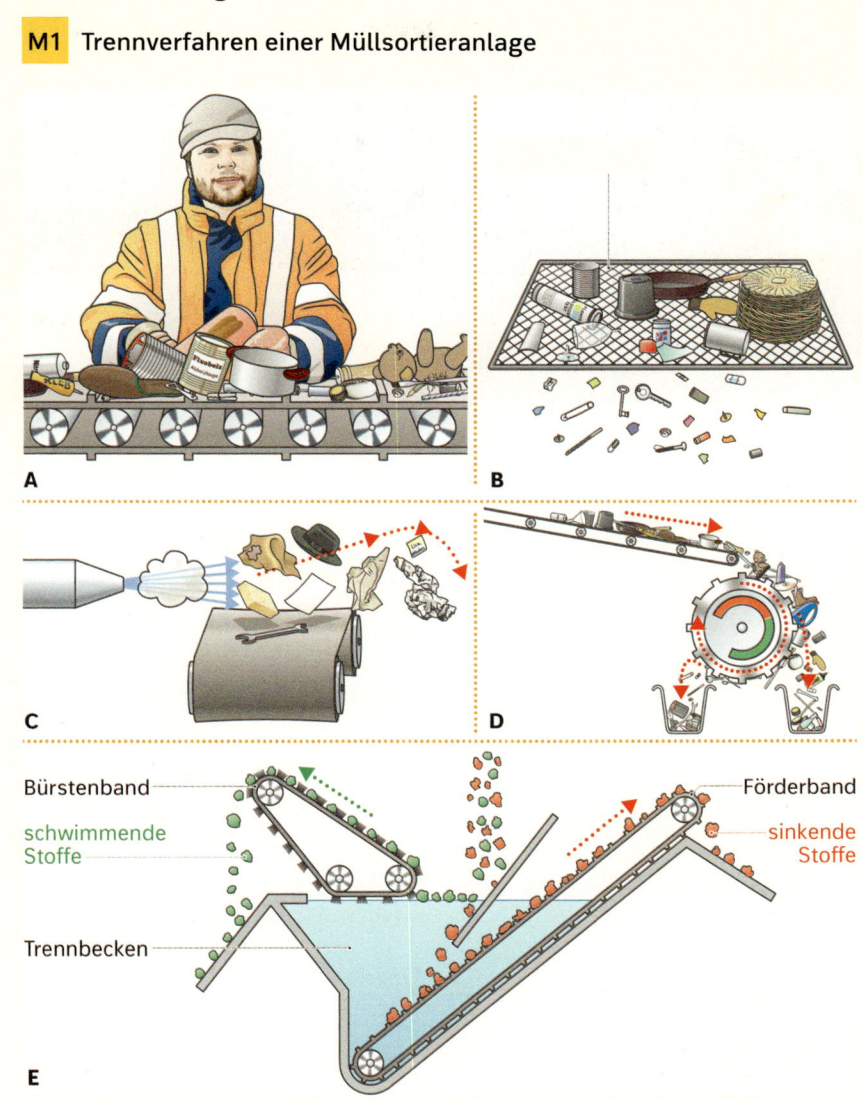

A B C D

E Bürstenband | schwimmende Stoffe | Trennbecken | Förderband | sinkende Stoffe

1. ▮▮ Beschreibe die abgebildeten Trennverfahren in einer Sortieranlage für Müll.
2. ▮▮ Nenne jeweils die Stoffeigenschaften, die genutzt werden.
3. ▮▮ Erkläre, warum man mit einem einfachen Magneten die Metalle Kupfer oder Aluminium nicht aus dem Müll abtrennen kann. ✚

4. Wähle eines der Müllgemische aus und plane, wie du sie mit einfachen Mitteln trennen kannst.
a ▮▮ Metalldosen, Kupfernägel, Eisenschrauben, Papierstückchen.
b ▮▮ Kunststoffverpackungen, Schrauben, (größere) Eisen- und Kupferteile, Glas.

Taschen aus recyceltem Kunststoff sieht man oft. Was versteht man unter dem Begriff Recycling?

1 Taschen aus recyceltem Kunststoff

Müll wird wiederverwertet

Recycling

In unserem Müll stecken viele wertvolle Stoffe wie Glas, Eisen oder Kupfer. Damit die Rohstoffreserven nicht unnötig verbraucht werden, ist es wichtig, die wertvollen Stoffe im Müll zurückzugewinnen. Aus diesen Stoffen können wieder neue Gegenstände hergestellt werden. Diese **Wiederverwertung** nennt man **Recycling**. Dadurch fällt weniger Müll an. Man benötigt weniger Rohstoffe und spart Energie für die Herstellung von Waren. Recycling ist nachhaltig.

Recycling ist ein englisches Wort. „Re" bedeutet „zurück" und „cycle" heißt „Kreislauf"

Recycling von Papier

Papier gewinnt man aus Holz. Beim Recycling von Papier und Pappe werden diese zerkleinert und mit Wasser zu einem Brei verrührt. Fremdstoffe und Druckfarben werden dadurch herausgelöst. Anschließend wird der Brei getrocknet und wieder zu neuem Papier ausgerollt. Je mehr Recyclingpapier verwendet wird, desto weniger Holz muss aus den Wäldern entnommen und verarbeitet werden. Papier, das vollständig aus Altpapier hergestellt wurde, trägt das Symbol „blauer Engel".

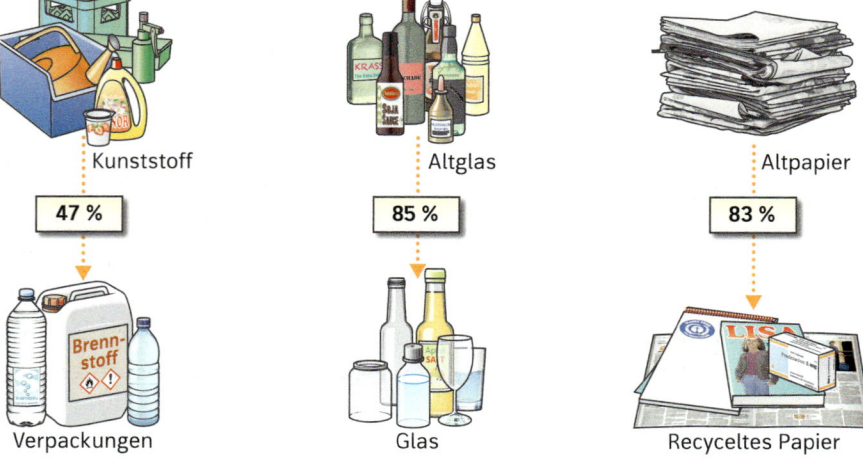

Kunststoff — 47 % — Verpackungen
Altglas — 85 % — Glas
Altpapier — 83 % — Recyceltes Papier

2 Recyclingquote

Recycling von Kunststoffen

Etwa die Hälfte des anfallenden Kunststoffmülls wird verbrannt. Der restliche Teil wird zu neuen Gegenständen verarbeitet. Der Kunststoff wird dazu geschmolzen und in eine neue Form gebracht.

Recycling von Elektroschrott

Alte Smartphones und andere elektrische Geräte enthalten wertvolle Metalle wie Kupfer, Silber oder Gold. Oft sind auch für die Umwelt schädliche Stoffe verbaut. Daher dürfen die Geräte nicht zu Hause in der Mülltonne entsorgt werden. Sie werden zum Händler zurückgebracht oder auf einem Wertstoffhof entsorgt.

Recycling von Glas

Glasflaschen werden aus dem Rohstoff Quarzsand hergestellt. Dieser wird dazu bei sehr hohen Temperaturen geschmolzen. Das benötigt viel Energie. Durch die Zugabe von Farbstoffen kann man neben Weißglas auch Braunglas oder Grünglas herstellen. Auch Altglas kann recycelt werden. Zunächst wird es nach Farben sortiert. Danach wird es zerkleinert. Die Verschlüsse und Deckel aus Kunststoff werden abgetrennt. Anschließend wird das Glas eingeschmolzen. Es entsteht eine flüssige Glasschmelze. Aus dieser Schmelze lassen sich neue Flaschen und Gläser herstellen.

A Erkläre, was man unter Recycling versteht.

B Beschreibe Recyclingprodukte, die aus Müll hergestellt werden können. Nimm Bild 1 und 2 zu Hilfe.

Material mit Aufgaben

M1 Recycling von Papier

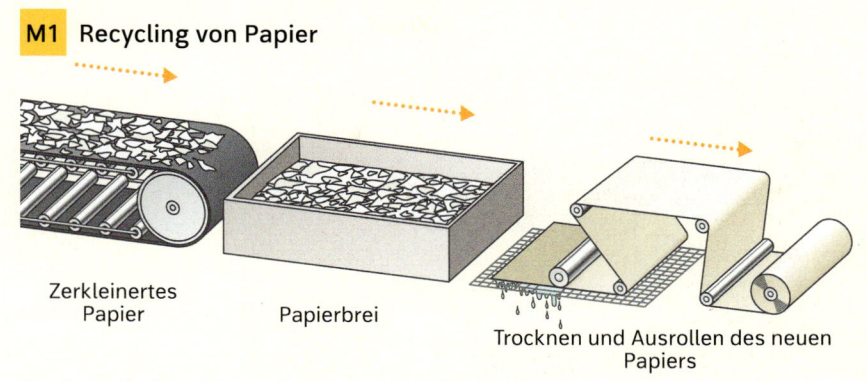

Zerkleinertes Papier   Papierbrei   Trocknen und Ausrollen des neuen Papiers

1. ▌▌ Beschreibe das Recycling von Altpapier.
2. ▌▌ Begründe, warum die Verwendung von Recyclingpapier die Umwelt schont. ✚

1 Kilogramm	Holz	Wasser
Recyclingpapier	0 kg	10-20 Liter
neues Papier	2 kg	30-100 Liter

M2 Recycling von Glas

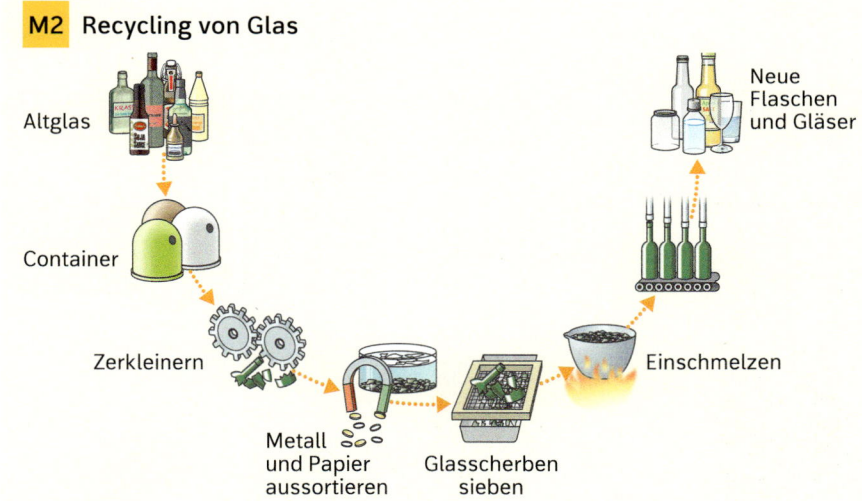

Altglas

Container

Zerkleinern

Metall und Papier aussortieren

Glasscherben sieben

Einschmelzen

Neue Flaschen und Gläser

1. ▌▌ Beschreibe das Recycling von Glas.
2. ▌▌ Erkläre, welche Trennverfahren beim Recycling von Glas eine Rolle spielen. Nenne die dabei genutzten Stoffeigenschaften. ✚

3. Wähle eine der Aufgaben aus:
a ▌▌ Erkläre, warum auch für das Recycling von Glas Energie benötigt wird.
b ▌▌ Erkläre, warum bei der Herstellung von Weißglas aus Altglas eine vorherige Trennung nach Farben nötig ist.

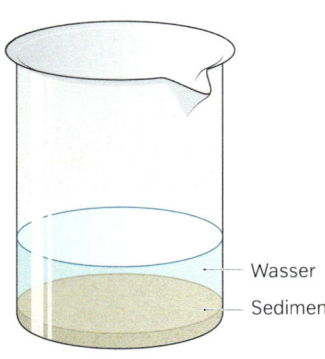

Wasser
Sediment

Sedimentieren

Unlösliche Stoffen in Flüssigkeiten setzen sich ab wegen
unterschiedlicher Dichten.

Beispiel:
Sand setzt sich in Wasser
am Boden ab.

Dekantieren

Trennen von unlöslichen
Stoffen in Flüssigkeiten durch
unterschiedliche Dichten.

Beispiel:
Bei der Fettkanne schwimmt
das Öl auf dem Wasser und
wird nicht mit abgegossen.

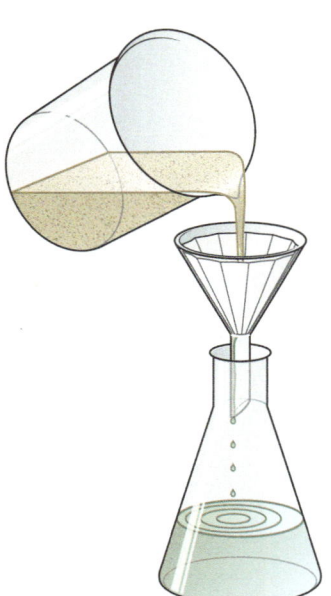

Filtrieren

Trennen von Stoffen mit unterschiedlicher Partikelgröße
mithilfe von Filterpapier.

Beispiel:
Bei einem Sand-Wasser-
Gemisch bleibt der Sand im
Filtrierpapier. Das Wasser
fließt durch.

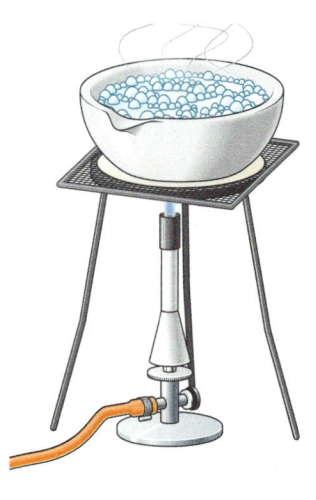

Eindampfen

Trennen von gelösten festen
Stoffen durch Erhitzen.

Beispiel:
Wenn Salzwasser erhitzt
wird, dann verdampft das
Wasser. Das Salz bleibt in
der Schale zurück.

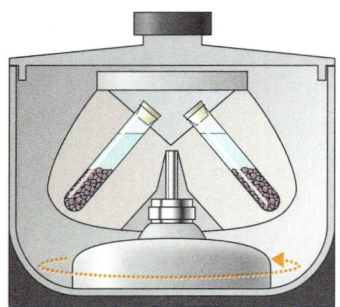

Zentrifugieren

Trennen von Stoffen unterschiedlicher Dichten mithilfe
von schnellem Drehen.

Beispiel:
Dreht man ein Sand-Was-
ser-Gemisch, setzt sich der
Sand schnell am Boden ab.

Adsorbieren

Trennen durch Anlagerung
eines Stoffes an ein Adsorptionsmittel wie Aktivkohle.

Beispiel:
Die Farbstoffteilchen eines
farbigen Getränks bleiben an
der Aktivkohle haften.

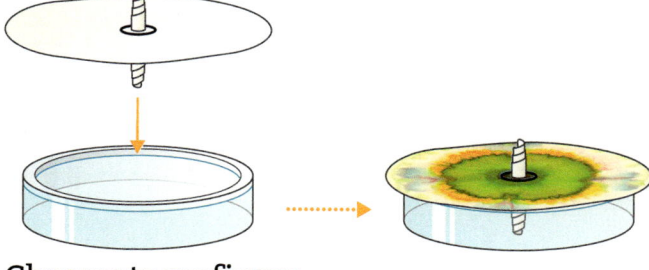

Extrahieren

Mit einem Lösungsmittel bestimmte Stoffe aus einem Stoffgemisch herauslösen (extrahieren).

Beispiel:

Farb- und Geschmacksstoffe von Teeblättern oder Kaffeepulver lösen sich in heißem Wasser.

Chromatografieren

Trennen von Stoffen durch unterschiedliche Haftfähigkeit an Papier.

Beispiel:

Verschiedene Farbstoffe von Flizstiften haften unterschiedlich gut an Papier.

Destillieren

Trennen von Stoffgemischen aufgrund unterschiedlicher Siedetemperaturen.

Beispiel:

Alkohol siedet früher als Wasser. Der Dampf wird in einem Kühler abgekühlt und als Destillat aufgefangen.

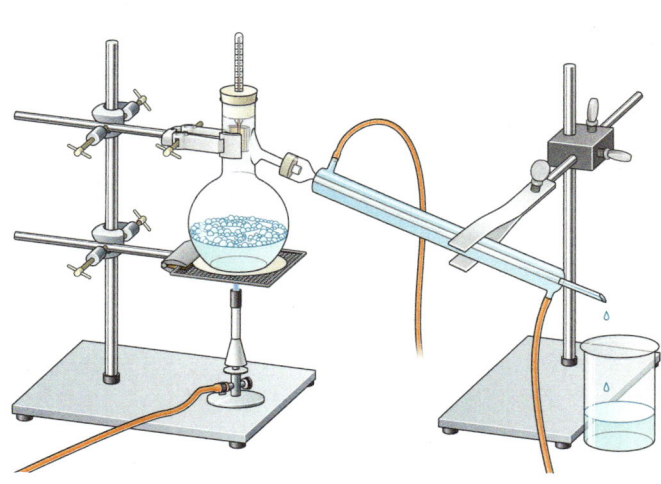

1. ⦀ Übertrage die Tabelle in dein Heft und ergänze sie.
2. ⦀ Erkläre den Unterschied zwischen der Destillation und Eindampfen. ✚
3. ⦀ Erkläre, mit welchen Trennverfahren man folgende Gemische trennen kann: Salzwasser, Sand-Wasser-Gemisch, Öl-Wasser-Gemisch und Tintenwasser (lösliche Tinte).

Trennverfahren	Stoffeigenschaft	Beispiel
Filtrieren	...	...
Chromatografieren	...	...
Adsorbieren	...	...
Sedimentieren	...	...
Zentrifugieren	...	...
Destillieren	...	...
Dekantieren	...	...
Eindampfen	...	...
Extrahieren	...	...

Reinstoffe

Reinstoffe haben typische, unveränderliche Stoffeigenschaften. Sie bestehen nur aus einer Stoffart. Sie sind einheitlich nur aus einer einzigen Teilchensorte aufgebaut.

Übersicht: Stoffe

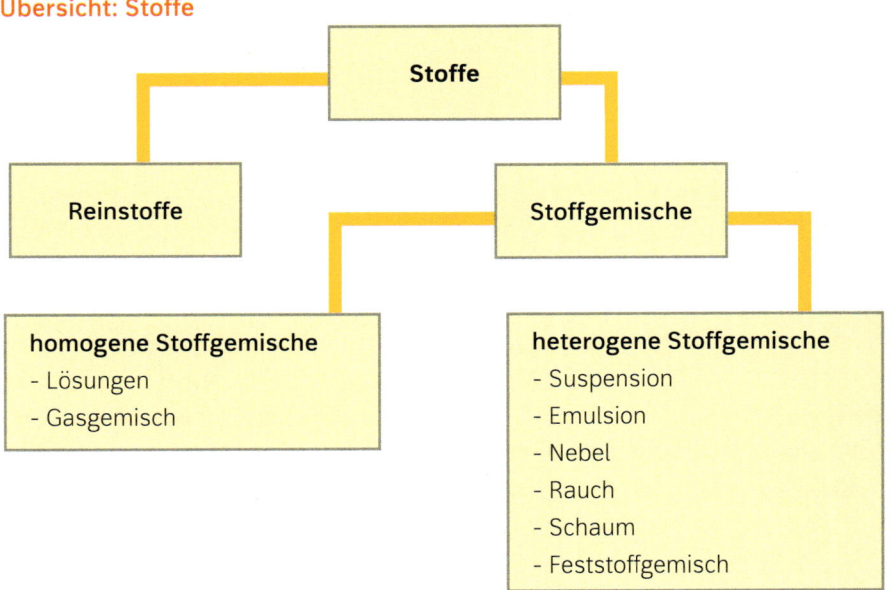

| Stoffe |
| Reinstoffe | Stoffgemische |

homogene Stoffgemische
- Lösungen
- Gasgemisch

heterogene Stoffgemische
- Suspension
- Emulsion
- Nebel
- Rauch
- Schaum
- Feststoffgemisch

Stoffgemische

Stoffgemische bestehen aus mindestens zwei verschiedenen Reinstoffen. Im Teilchenmodell sind also mindestens zwei verschiedene Teilchensorten zu erkennen.

.

Homogene und heterogene Gemische

Bei heterogenen Gemischen kann man die unterschiedlichen Bestandteile eines Gemischs erkennen. Sie sehen nicht einheitlich aus.
Homogene Gemische dagegen sehen einheitlich aus.

Trennverfahren

Bei der Trennung von Gemischen nutzt man die unterschiedlichen Eigenschaften der Stoffe im Gemisch.

Trennverfahren	Stoffeigenschaft
Auslesen	Aussehen
Filtrieren, Sieben	Teilchengröße
Sedimentieren	Dichte
Dekantieren	Dichte
Destillieren	Siedetemperatur
Eindampfen	Siedetemperatur
Extrahieren	Löslichkeit
Chromatografieren	Haftfähigkeit
Adsorbieren	Haftfähigkeit
Zentrifugieren	Dichte

Müll vermeiden, trennen, verwerten

Am besten ist es, Müll zu vermeiden. Viele Wertstoffe im Müll können wiederverwertet werden (Recycling). Deshalb muss der Müll getrennt werden.
Auch hier nutzt man zur Trennung die unterschiedlichen Eigenschaften der Stoffe.

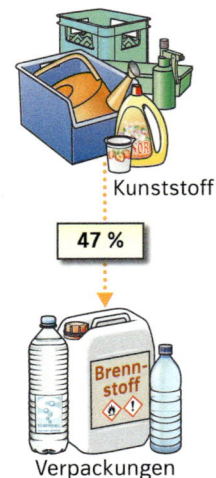

Kunststoff

47 %

Verpackungen

1 Reinstoff oder Stoffgemisch?

A ▍▍ Nenne einen typischen Reinstoff.

B ▍▍ Erkläre allgemein, wann ein Reinstoff vorliegt und wann ein Stoffgemisch.

C ▍▍ Beschreibe, woraus die folgenden Stoffe bestehen. Beurteile dann, ob es sich um einen Reinstoff oder ein Stoffgemisch handelt: Meerwasser, Teegetränk, Kochsalz, Luft, destilliertes Wasser aus dem Labor, Zucker, Sprudelgetränk.

D ▍▍▍ Marie ist überzeugt: „Wasser ist ein Reinstoff!" Ali wettet dagegen: „Wasser ist eben doch kein Reinstoff!" Nimm Stellung dazu.

2 Gemische zuordnen

A ▍▍ Erläutere, welcher der Apfelsäfte eine Lösung und welcher eine Suspension ist.

B ▍▍▍ Wie könntest du aus der Suspension eine Lösung gewinnen?

A

B

3 Im Teilchenmodell

A ▍▍ Begründe, wehalb es sich hier um ein Gemisch handeln muss.

B ▍▍ Erkläre, ob es ein homogenes oder ein heterogenes Gemisch ist.

C ▍▍ Welche weiteren Informationen kannst du der Skizze entnehmen?

D ▍▍▍ Finde den zutreffenden Fachbegriff für diese Art Gemisch.

4 Stoffe trennen

A ▍▍ Nenne die beiden unten abgebildeten Trennverfahren.

B ▍▍ Gib jeweils ein praktisches Anwendungsbeispiel dafür an.

C ▍▍ Beschreibe, wie man ein Gemisch aus Wasser, kleinen Eisenkugeln und Kies trennen kann, um den Kies zu gewinnen.

D ▍▍▍ Erläutere die Trennmethode der Chromatografie.

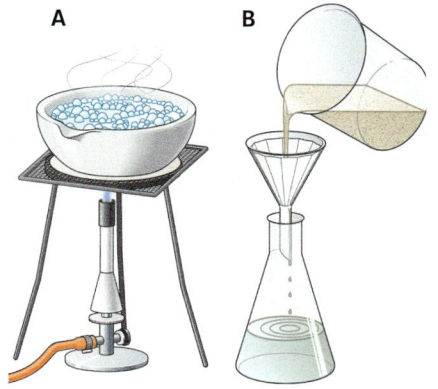
A   B

5 Gold suchen

A ▍▍ Beim „Goldwaschen" gibt man Flussschlamm in flache Schüsseln und spült mit Wasser nach. Wenn man viel Glück hat, setzen sich manchmal unten winzige Goldteilchen ab. Nenne den Fachbegriff für diese Trennmethode.

B ▍▍ Welche Stoffeigenschaft wird hierbei genutzt?

C ▍▍▍ Vermute, weshalb man das Gemisch nicht filtriert.

6 Müll trennen

A ▍▍ Beschreibe, wie man leichte und schwere Stoffe im Müll voneinander trennen kann.

B ▍▍ Erkläre, weshalb der Wertstoff-Müll aus der gelben Tonne noch weiter aufgetrennt werden muss.

C ▍▍ Plane, wie du verschiedene Verschlüsse von Flaschen sinnvoll trennen könntest.

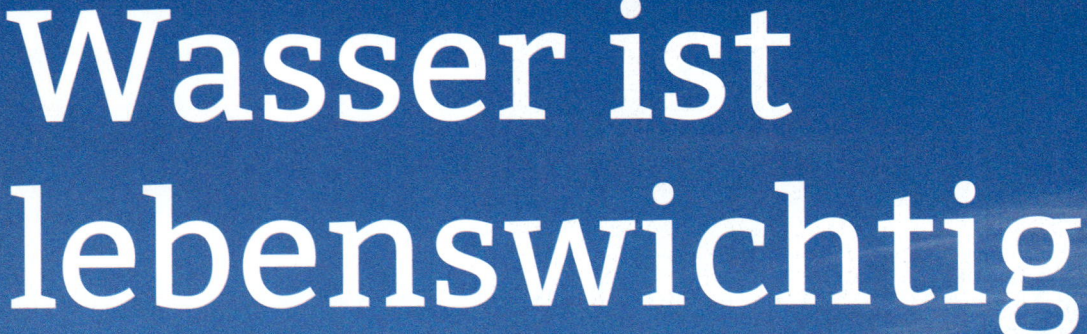

Wasser ist lebenswichtig

Warum schwimmt Eis auf Wasser?
Welches Wasser können wir trinken?
Was ist „verstecktes Wasser"?

Wasser ist lebenswichtig: Unser Körper besteht zu zwei Dritteln aus Wasser. Doch auch in der Technik und in der Wirtschaft spielt Wasser eine sehr wichtige Rolle.

Der größte Teil der Erdoberfläche ist von Wasser bedeckt. Doch nicht jedes Wasser ist als Trinkwasser und zur Bewässerung von Feldern geeignet. Und in manchen Gebieten fällt nur sehr wenig Regen. Dort gibt es daher einen extremen Wassermangel.

1 Urlaub am Meer

Salzwasser und Süßwasser

Salzwasser

Vielleicht bist du schon einmal im Meer geschwommen und hast dabei etwas Wasser geschluckt. Meerwasser schmeckt unangenehm salzig, weil es viel gelöstes Salz enthält: etwa 35 Gramm Salz pro Liter Meerwasser. Zum Trinken ist **Salzwasser** nicht geeignet. Es schmeckt nicht und ist auch nicht gesund.

Süßwasser

Quellwasser und das Wasser von Seen, Bächen oder Flüssen schmeckt nicht salzig. Es enthält nur sehr wenig gelöstes Salz. Man nennt es daher Süßwasser, obwohl es keinen Zucker enthält. Regen, Hagel, Schnee und Eis bestehen ebenfalls aus **Süßwasser**. Auch unser Trinkwasser aus dem Wasserhahn ist Süßwasser.

Wasserverteilung. Der größte Teil der Erde ist von Wasser bedeckt. Etwa drei Viertel der Erdoberfläche sind aber Meere mit Salzwasser, das nicht zum Trinken geeignet ist.

Das Süßwasser befindet sich zum größten Teil als gefrorenes Eis an den Polen und ist daher nicht nutzbar. Nur ein sehr kleiner Teil ist nutzbares Süßwasser. Flüsse und Seen sind auf der Erde aber ungleichmäßig verteilt.

2 Quellwasser

A Nenne den wesentlichen Unterschied zwischen Meerwasser und Süßwasser.

B Erläutere, weshalb der Begriff Süßwasser irreführend ist.

Material mit Aufgaben

M1 **Wasserverteilung auf der Erde im Modell**

Ein Blick auf die Erdkugel zeigt: Die Wassermengen auf der Erde sind unvorstellbar groß. Es gibt sehr viel salziges Meerwasser und sehr wenig trinkbares Süßwasser.
Damit wir uns die Verteilung des Wassers auf der Erde besser vorstellen können, nutzen wir ein **Modell** (Abbildung unten).
Die zehn Eimer mit je 10 Liter Wasser, also 100 Liter, stehen für die gesamte Wassermenge auf der Erde.

1. ▮▮ Gib mit Hilfe der Abbildung unten die Mengen von Süßwasser und Salzwasser im Modell an.
2. ▮▮ Beschreibe, was zum Süßwasser zählt. Gib die jeweiligen Mengen an.
3. ▮▮ Vermute und begründe, weshalb nur ein kleiner Teil des Süßwassers auf der Erde als Trinkwasser nutzbar ist. ✚

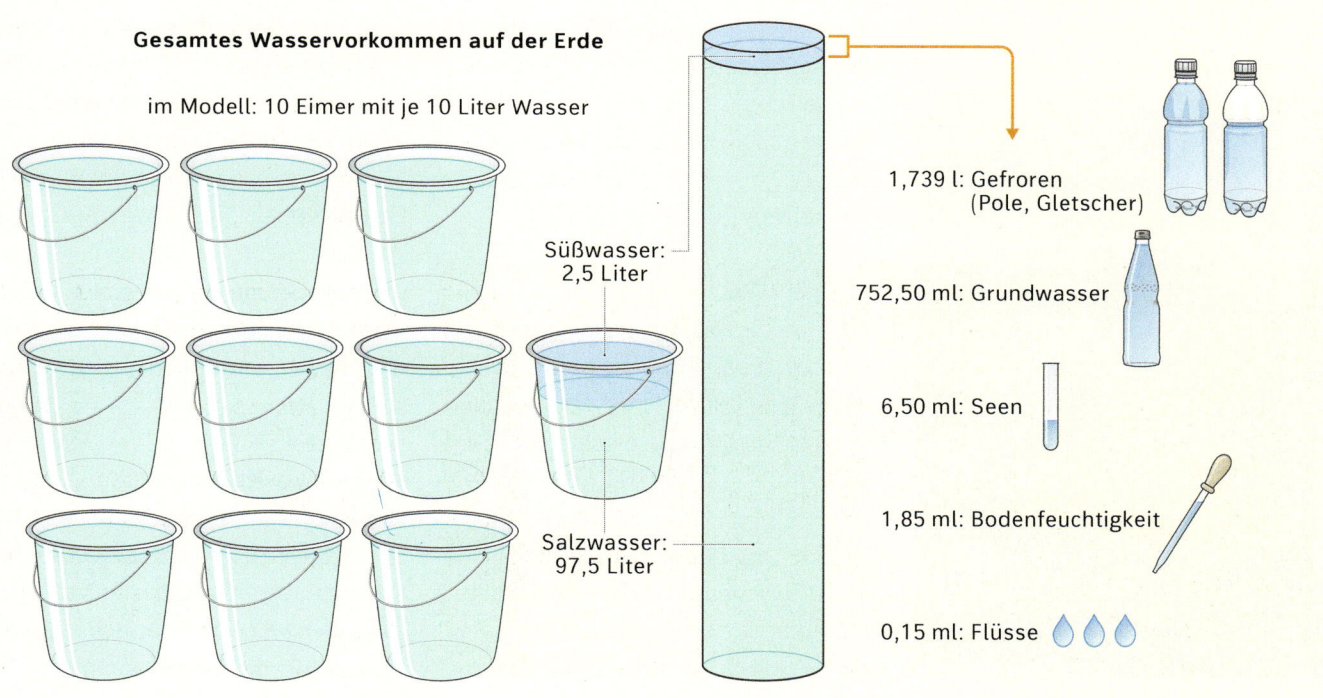

Gesamtes Wasservorkommen auf der Erde

im Modell: 10 Eimer mit je 10 Liter Wasser

Süßwasser: 2,5 Liter

Salzwasser: 97,5 Liter

1,739 l: Gefroren (Pole, Gletscher)

752,50 ml: Grundwasser

6,50 ml: Seen

1,85 ml: Bodenfeuchtigkeit

0,15 ml: Flüsse

Wasser brauchen wir zum Leben.
Wo ist es außerdem noch sehr wichtig?

1 Containerschiff

Bedeutung von Wasser

Wasser zum Leben

Alle Lebewesen bestehen zu einem guten Teil aus Wasser, egal ob Pflanze, Tier oder Mensch. Wasser übernimmt sehr viele Aufgaben in unserem Körper. Wir können deshalb nur wenige Tage ohne Wasser überleben.

Waschen, Putzen, Duschen und WC

Viel mehr Wasser als zum Trinken brauchen wir zu Hause für verschiedenste Zwecke: für die Dusche, für die Toilettenspülung, zum Wäschewaschen, zum Putzen und für das verschmutzte Geschirr.

Wasser als Lebensraum

Meer, Seen und Flüsse sind Lebensräume für zahlreiche Pflanzen und Tiere. Sie können nur überleben, wenn wir die Gewässer sauber halten.

Transporte

Auf dem Meer sind Tag für Tag tausende von Schiffen unterwegs. Tanker transportieren Erdöl; riesige Containerschiffe transportieren Maschinen, Flachbildschirme, Smartphones oder Möbel von einem Erdteil zum anderen.

Gewässer als Nahrungsquelle

Vor allem Fische sind eine wichtige Nahrungsgrundlage für viele Menschen. Umweltschützer warnen davor, dass manche Fischarten schon zu stark bejagt werden.

Wasser als Kühlmittel

Kraftwerke nutzen Wasser zur Kühlung ihrer Anlagen. Es wird dabei kaum verschmutzt, doch nach der Nutzung gelangt es erwärmt wieder in die Flüsse zurück. Warmes Wasser kann nicht so viel Sauerstoff lösen wie kühles Wasser.

2 Wasser ist ein wichtiger Lebensraum

Freizeit und Sport

Viele Menschen verbringen ihren Urlaub gerne am Meer, an Flüssen oder Seen. Dort kann man nicht nur schwimmen oder tauchen, sondern auch segeln oder mit einem Kanu fahren.

Energieträger

Schon vor Jahrhunderten wurde die Energie des Wassers mechanisch genutzt, zum Beispiel für Getreidemühlen oder für Sägewerke.

Heute wird die Bewegungsenergie des fließenden Wassers in elektrische Energie umgewandelt. Sie ist sehr vielfältig nutzbar.

Diese Energieform ist erneuerbar, benötigt keine Brennstoffe und erzeugt daher auch keine Abgase.

Wasser als Produktionsmittel

Wer Pflanzen anbaut oder Tiere züchtet, benötigt dafür Wasser.

Doch auch für die Herstellung von Kleidung oder Maschinen wird Wasser benötigt: für ein Auto bis zu 400 000 Liter Wasser!

Wasser ist ein lebenswichtiger Stoff für Menschen, Tiere und Pflanzen.
Wir nutzen es aber auch zum Waschen, für Transportzwecke und in vielen anderen Bereichen.

A Erläutere die Bedeutung von Wasser für den Menschen. Nenne fünf Beispiele.

B Begründe, weshalb der elektrische Strom aus Wasserkraftwerken besonders umweltfreundlich ist.

3　Wassersport

Material mit Aufgaben

M1 Ein Laufwasserkraftwerk

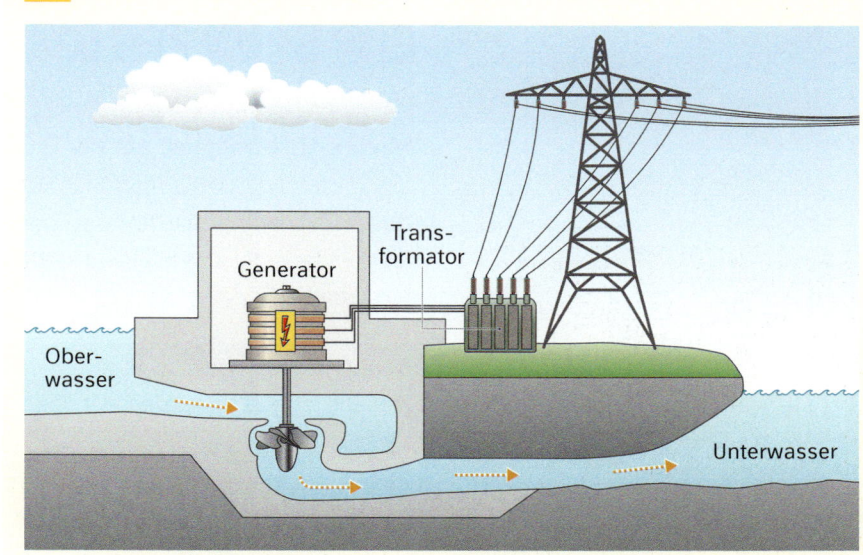

4　Ein Wasserkraftwerk erzeugt elektrischen Strom

1. Betrachte die Abbildung. Erläutere, an welcher Stelle die Energie des Wassers im Kraftwerk genutzt wird.
2. Beschreibe, wie ein Wasserkraftwerk funktioniert.

3. Wähle eine der Aufgaben aus:
a Erläutere die Vorteile und Nachteile eines Wasserkraftwerks.
b Die meisten Wasserkraftwerke gibt es in Süddeutschland. Erkläre, woran das liegen könnte.

Wodurch wird der Kreislauf des Wassers auf der Erde angetrieben?

1 Das Wasser auf der Erde befindet sich in einem ständigen Kreislauf

Der Kreislauf des Wassers

Wasser gibt es überall auf der Erde, auch in der Luft sowie im Boden. Das Wasser auf der Erde ist immer in Bewegung. Es befindet sich in einem ständigen **Kreislauf**.

2 Wolken bestehen aus kleinen Wassertröpfchen

Natürlicher Wasserkreislauf

Die Sonne sorgt dafür, dass Wasser aus dem Meer, einem See oder einer Pfütze langsam verdunstet. Dabei wird das flüssige Wasser zu unsichtbarem **Wasserdampf**, der in die Luft aufsteigt.

In kühleren Teilen der Atmosphäre werden aus dem Wasserdampf kleine Wassertröpfchen. Wenn viele dieser Wassertröpfchen nah beisammen in der Luft sind, sehen wir sie als **Wolken**.

Treffen Wolken auf kühlere Luftschichten, bilden sich immer größere Wassertropfen. Sie fallen dann als Regen auf die Erde. Gefrieren die Wassertropfen in der Luft, entsteht daraus Schnee oder Hagel.

Ein Teil der Niederschläge auf dem Land versickert im Boden und wird zu **Grundwasser**.

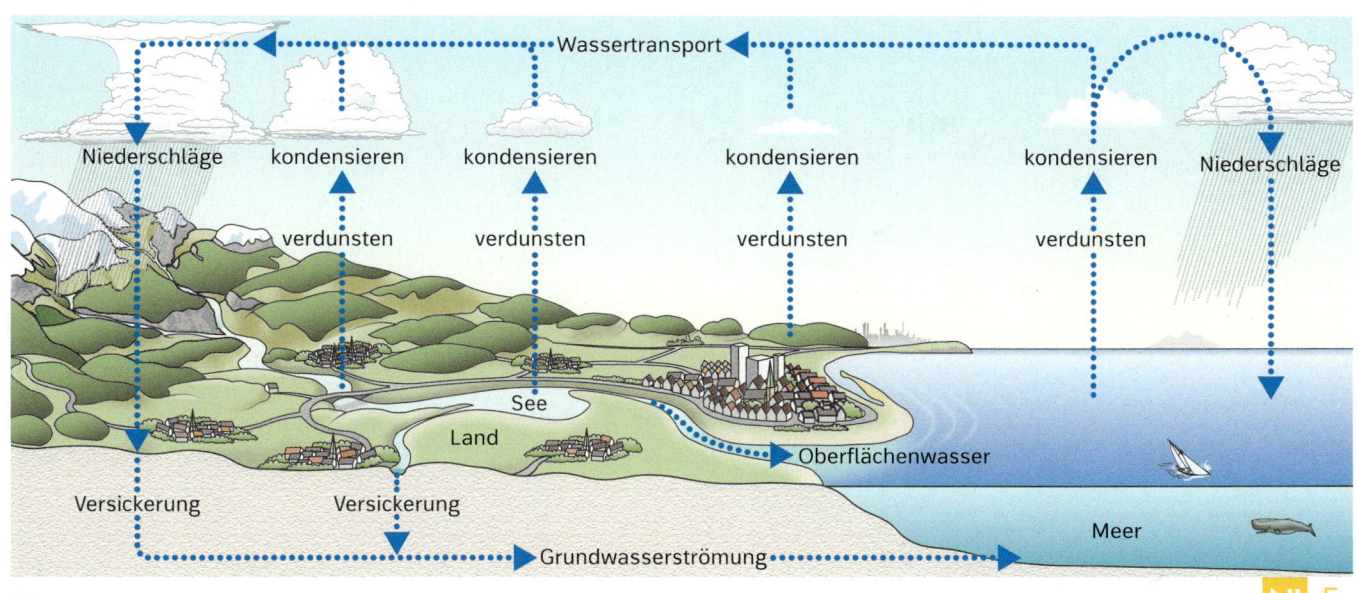

3 Natürlicher Wasserkreislauf (Schema) ▶⏸ F

Niederschläge gelangen auch in **Oberflächengewässer** wie Bäche, Seen und Flüsse. Die Flüsse führen das Wasser ins Meer.

Das Wasser auf der Erde befindet sich in einem ständigen Kreislauf. Die Sonne treibt ihn an.

A Beschreibe den Wasserkreislauf in der Natur. Nutze dazu Abbildung 3.

Material mit Aufgaben

M1 **Wasserkreislauf in der Teekanne?**

1. ▮▮ Beschreibe kurz, was auf der Abbildung rechts zu sehen ist.
2. Wähle ein der Aufgaben aus:
a ▮▮ Schreibe auf, was an den Stellen A bis D geschieht. ✚
b ▮▮▮ Schreibe auf, was bei A bis D geschieht. Nutze hierfür auch Fachwörter.
3. ▮▮ Erkläre, wodurch die Vorgänge in der Teekanne angetrieben werden. ✚
4. ▮▮▮ Vergleiche die Vorgänge in der Teekanne mit dem Wasserkreislauf in der Natur. Suche Gemeinsamkeiten und Unterschiede.

Wofür brauchen alle Lebewesen Wasser?

1 Dürre bei Maispflanzen

2 Wasser löscht den Durst

3 Bananenscheiben in einem Trocknungsgerät

Ohne Wasser kein Leben

Pflanzen wie Mais, Kartoffeln und auch Zimmerpflanzen verkümmern und sterben ab, wenn sie nicht genügend Wasser bekommen.

Auch für Tiere und Menschen ist Wasser unverzichtbar. Insbesondere bei großer Anstrengung oder Hitze benötigen wir ausreichend Wasser.

Wofür benötigt unser Körper das Wasser?

Wasser ist der Hauptbestandteil unseres Körpers. Körperflüssigkeiten wie Blut, Tränen und Schweiß bestehen größtenteils aus Wasser. Es löst im Blut zahlreiche Stoffe und ermöglicht so den Transport in alle Teile des Körpers. Wasser ist in unserem Körper jedoch nicht nur **Lösungsmittel** und **Transportmittel**, sondern dient auch als **Kühlmittel**. Wenn wir schwitzen, verdunstet das Wasser über die Haut und kühlt so den Körper.

Über die ausgeatmete feuchte Luft und den Urin verliert unser Körper Wasser. Deshalb brauchen wir täglich zwei bis drei Liter Wasser. So viel musst du aber nicht trinken, denn auch in unserer Nahrung ist Wasser enthalten.

Konservieren durch Trocknen

Seit Jahrhunderten ist das Trocknen eine Methode, um Lebensmittel haltbarer zu machen. Denn auch Bakterien und Pilze brauchen Wasser zum Leben. Ohne Wasser können sie sich nicht vermehren. Getrocknete Lebensmittel verderben deshalb nicht so schnell.

Wasser ist für alle Organismen lebenswichtig. Getrocknete Lebensmittel sind länger haltbar.

A Beschreibe die Bedeutung von Wasser für unseren Körper.
B Erkläre, warum getrocknete Lebensmittel länger haltbar sind.

Material mit Aufgaben

M1 Wassergehalt in Lebensmitteln

frisch

getrocknet

1. ▌▌ Du sollst feststellen, wie viel Wasser in einer Portion eines Lebensmittels enthalten ist. Plane dazu einen Versuch. ➕

2. ▌▌ Erkläre, was du beachten solltest, damit die gemessenen Werte vergleichbar sind. ➕

3. ▌▌▌ Ermittle, welche Fehler bei diesem Versuch auftreten können.

4. ▌▌ Erstelle ein Säulendiagramm zum Wasseranteil in den Lebensmitteln der folgenden Tabelle (Angaben in Gramm Wasser pro 100 Gramm Lebensmittel): ➕

Salatgurke	96 g
Banane	75 g
Fleisch (roh)	70 g
Käse	45 g
Brot	35 g
Nudeln (ungekocht)	10 g
Speiseöl	0 g

P2 Wasser nachweisen

Material: Uhrglas, Reagenzgläser, Spatel, Pipette, weißes Kupfersulfat (GHS 07, 09) oder Wassertestpapier, kleine Stücke Obst und Gemüse, Salatöl, getrocknetes Obst, Wasser

Durchführung: Gib eine kleine Menge weißes Kupfersulfat auf ein Uhrglas oder in ein Reagenzglas.
Füge mit einer Pipette einige Tropfen Wasser hinzu.
Prüfe anschließend auch kleine Stücke verschiedener Lebensmittelproben sowie Salatöl mit dem Wassertestpapier oder dem Kupfersulfat.

GHS07   GHS09
Test   weißes Kupfersulfat

1. ▌▌▌ Beschreibe das Ergebnis, wenn du Wasser mit Wassertestpapier oder Kupfersulfat zusammengibst.

2. ▌▌ Erkläre, wie man diese beiden Stoffe bezeichnen könnte. ➕

3. ▌▌▌ Fasse deine Ergebnisse aus den Tests mit den Lebensmitteln zusammen.

4. ▌▌▌ Weißes Kupfersulfat wird blau, wenn man es einige Zeit an der Luft stehenlässt.
Versuche zu erklären, warum das so ist.

Zum Trinken brauchen wir nicht sehr viel Wasser.
Wie nutzen wir Wasser sonst noch?

1 Beregnung von Feldern

Wie nutzen wir Wasser?

Ein Tag ohne Trinkwasser ist für uns undenkbar. Wir nutzen jeden Tag frisches Wasser aus der Wasserleitung zum Trinken, Zähne putzen, Kochen und vielem mehr. Insgesamt verwendet jeder Einwohner in Deutschland pro Tag etwa 125 Liter Wasser.

Für den öffentlichen Bereich kommen pro Person täglich noch etwa 150 Liter Wasser hinzu. Es wird zum Beispiel in Kindergärten, Schulen, Krankenhäusern, Universitäten, Schwimmbädern und für die Straßenreinigung benötigt.

Wer nutzt das Wasser noch?

Kraftwerke haben den größten Wasserbedarf. Sie benötigen es als Kühlwasser bei der Stromerzeugung. Das Wasser wird hierbei nicht stark verschmutzt, aber erwärmt.
Die Industrie nutzt Wasser vor allem zur Herstellung von Waren.
Die Landwirtschaft braucht Wasser, um bei Trockenheit Felder zu bewässern und so die Ernte zu sichern.

Wir nutzen Wasser vor allem in Bad, WC und in der Küche. Zum Trinken genügen wenige Liter am Tag.
Das meiste Wasser wird als Kühlwasser in Kraftwerken benötigt.

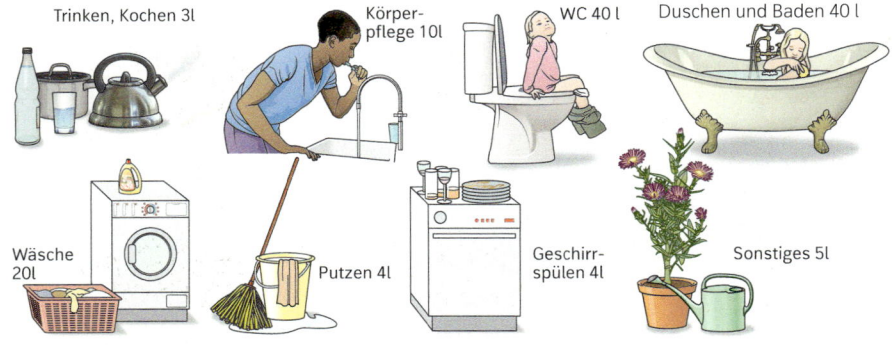

Trinken, Kochen 3l Körperpflege 10l WC 40 l Duschen und Baden 40 l
Wäsche 20l Putzen 4l Geschirrspülen 4l Sonstiges 5l

3 Täglicher Wasserverbrauch pro Person in Deutschland (Durchschnitt)

Verstecktes (virtuelles) Wasser

Getreide, Obst und Gemüse brauchen Wasser, um zu wachsen. Aber auch bei der Herstellung von Papier, Kleidung oder Smartphones wird Wasser benötigt. Dieses Wasser steckt sozusagen in den Produkten. Man nennt es daher **verstecktes** oder auch **virtuelles Wasser.**

Zählt man das versteckte Wasser zum direkten Verbrauch dazu, dann nutzt jeder Einwohner Deutschlands etwa 4 200 Liter Wasser pro Tag.

> Wasser zur Herstellung eines Produkts heißt verstecktes oder virtuelles Wasser.

A Erläutere, wofür wir das Trinkwasser im Haushalt benötigen.

B In welchem Bereich „verbrauchen" wir das meiste Wasser?

Material mit Aufgaben

M2 **Viel Wasser für 1 T-Shirt**

Baumwollpflanzen gedeihen am besten in warmen und trockenen Regionen und benötigen zum Wachsen viel Wasser. Meist muss zusätzlich künstlich bewässert werden.

Bis ein T-Shirt aus Baumwolle fertig im Laden liegt, sind viele Schritte notwendig, für die ebenfalls Wasser nötig ist.

1. ▍▍▍ Berechne die versteckte Wassermenge für 1 T-Shirt (250 g).
2. ▍▍▍ Baumwolle benötigt viel Wasser in trockenen Regionen. Welche Empfehlung kannst du daraus ableiten? ✚

**Wasserbedarf für
1 kg Baumwollstoff**

Regenwasser: 4000 Liter
Bewässerung: 4500 Liter

Dünger, Pestizide,
Reinigen, Bleichen:
1500 Liter

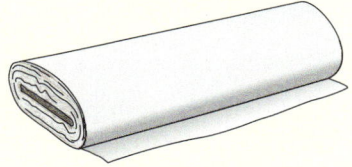

= 10000 Liter

Material mit Aufgaben

M1 **Verstecktes Wasser überall**

1. ▍▍▍ Betrachte die Angaben zum versteckten Wasser. Gib dazu einen Kommentar ab.
2. ▍▍▍ Im Internet findet man oft unterschiedliche Angaben zur versteckten Wassermenge. Vermute, woran das liegen könnte.

1 Blatt Papier	10 Liter
1 Computer-Chip	32 Liter
1 Smartphone	3 000 Liter
1 Jeanshose	11 000 Liter
1 PC	20 000 Liter
1 Auto	400 000 Liter

184 Liter/kg

1000 Liter/kg

5000 Liter/kg

255 Liter/kg

1 300 Liter/kg

15 500 Liter/kg

700 Liter/kg

3 300 Liter/kg

20 000 Liter/kg

Woher kommt
unser Trinkwasser?

1   Belüftungsanlage für Trinkwasser in einem Wasserwerk

Trinkwasser

Grundwasser bildet sich aus Regenwasser und dem Wasser, das aus Flüssen und Seen in der Erde versickert. Es versickert so lange, bis es auf eine wasserundurchlässige Schicht trifft.

Herkunft

Weit über die Hälfte des Trinkwassers in Deutschland wird aus **Grundwasser** gewonnen. Es wird durch Pumpen aus tiefen Bodenschichten an die Oberfläche befördert.

Oberirdische Quellen für Trinkwasser befinden sich oft in Waldgebieten oder im Gebirge. Auch aus Talsperren sowie Seen und Flüssen wird Trinkwasser gewonnen.

Aufbereitung

Das geförderte Wasser enthält stets noch unerwünschte Stoffe. Sie werden im Wasserwerk durch Zugabe von Sauerstoff oder Luft unlöslich gemacht und durch einen Kiesfilter entfernt. Je nach Bedarf kommen weitere Filter mit Sand oder Aktivkohle zum Einsatz. Krankheitserreger werden durch Ozon, Chlor oder mit UV-Licht unschädlich gemacht.

Wasserspeicher

Der tägliche Wasserbedarf ist je nach Tages- und Jahreszeit sehr unterschiedlich. Damit immer genügend Wasser zur Verfügung steht, wird es in großen unterirdischen Becken oder in Wassertürmen gespeichert.

Trinkwasser wird aus Grundwasser, Quellwasser sowie aus Flüssen, Seen und Talsperren gewonnen. Vor der Nutzung muss es gereinigt und keimfrei gemacht werden.

2   Pumpen in einem Wasserwerk

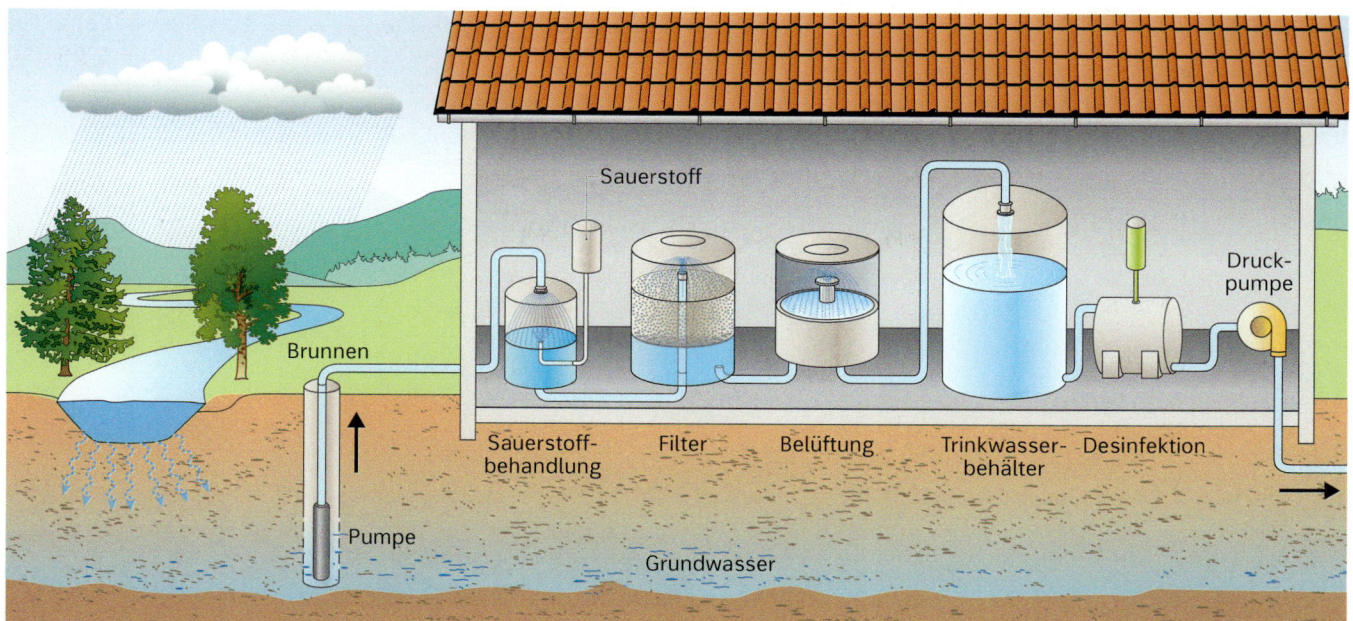

3 Aufbereitung von Trinkwasser

Wasserschutzgebiete

Um Trinkwasserbrunnen herum gibt es manchmal Schilder mit der Aufschrift „Wasserschutzgebiet". In diesen Gebieten herrschen strenge Vorschriften beispielsweise für den Straßenbau und die Landwirtschaft.

Die Einschränkungen sollen den Boden und das Grundwasser vor Verunreinigungen schützen.

A Erläutere, woher unser Trinkwasser kommt und wie es aufbereitet wird.

4 Hinweisschild für ein Wasserschutzgebiet

Material mit Aufgaben

M1 Probleme mit dem Nitrat

Viele Felder werden mit Gülle gedüngt. Oft gelangt aber mehr davon auf die Felder als die Pflanzen aufnehmen können. Aus der Gülle sickert dann Nitrat mit dem Regen ins Grundwasser und verunreinigt es. Maximal 50 Milligramm Nitrat dürfen in 1 Liter Trinkwasser enthalten sein. Das ist der **Grenzwert**.
Nitrat ist schädlich: Die Zellen im Körper werden schlechter mit Sauerstoff versorgt; im Magen können krebserregende Stoffe entstehen.

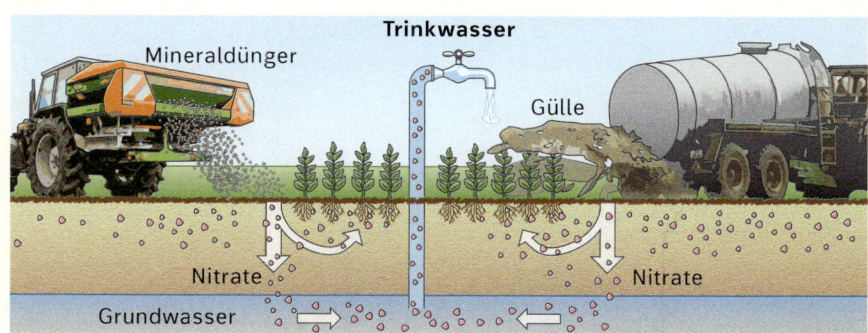

1. Nenne die Hauptquellen für Nitrat im Grundwasser.
2. Beschreibe, wie das Nitrat in unseren Körper gelangt.
3. Erkläre, warum Grenzwerte für Stoffe im Wasser sinnvoll sind.
4. In manchen Regionen wird der Grenzwert für Nitrat im Trinkwasser überschritten.
Vermute und begründe, welche Maßnahmen man hier ergreifen könnte.

Wie wird verschmutztes Wasser wieder sauber?

1 Kläranlage, aus der Luft gesehen

Die Abwasserreinigung

Durch große Rohre unter den Straßen fließt das Abwasser einer Stadt zu einer Kläranlage. Dort wird es in mehreren Stufen gereinigt.

1. Stufe: Mechanische Reinigung

Mit großen Rechen werden grobe Abfälle aus dem Abwasser entfernt. Im Sandfang fließt das Wasser nur langsam. Hier setzen sich kleine Teilchen wie Sandkörner am Boden ab.

Öl und Fett schwimmen auf der Wasseroberfläche. Sie werden im Ölabscheider abgetrennt.

Im Vorklärbecken fließt das Wasser noch langsamer. Feine Schwebstoffe setzen sich als Schlamm ab und werden abgepumpt.

2. Stufe: Biologische Reinigung

Im Belebungsbecken nutzen Bakterien die Abfallstoffe als Nahrungsquelle und entfernen sie dadurch aus dem Abwasser. Die Bakterien vermehren sich hier sehr stark. Sie brauchen zum Leben auch Sauerstoff. Deshalb wird hier viel Luft ins Abwasser eingeblasen.

Im Nachklärbecken sterben die Bakterien ab, weil die meisten Abfallstoffe entfernt sind. Sie sinken dann als Faulschlamm zu Boden. Der Faulschlamm wird in Faultürme transportiert. Aus ihm lässt sich Biogas gewinnen.

Material mit Aufgaben

M1 **Trennmethoden**

1. ▮▮ Erkläre, welche Eigenschaft bei der Trennung von Öl und Wasser genutzt werden kann. ✚

2. ▮▮ Nenne Trennmethoden, die bei der Entfernung von groben Abfällen, von Sand sowie von Öl aus Wasser genutzt werden können.

3. Stufe: Chemische Reinigung

Im Abwasser sind noch viele gelöste Salze enthalten. Durch bestimmte Chemikalien können sie unlöslich gemacht werden. Sie fallen aus und können dann entfernt werden.

Das gereinigte Wasser wird zum Schluss in ein Gewässer eingeleitet.

In Kläranlagen wird das Abwasser mechanisch, biologisch und manchmal auch chemisch gereinigt.

A Beschreibe die Aufgabe der Bakterien in einer Kläranlage.

B Erkläre, weshalb die gute Belüftung der Kläranlage so wichtig ist.

Material mit Aufgaben

 **Kläranlage**

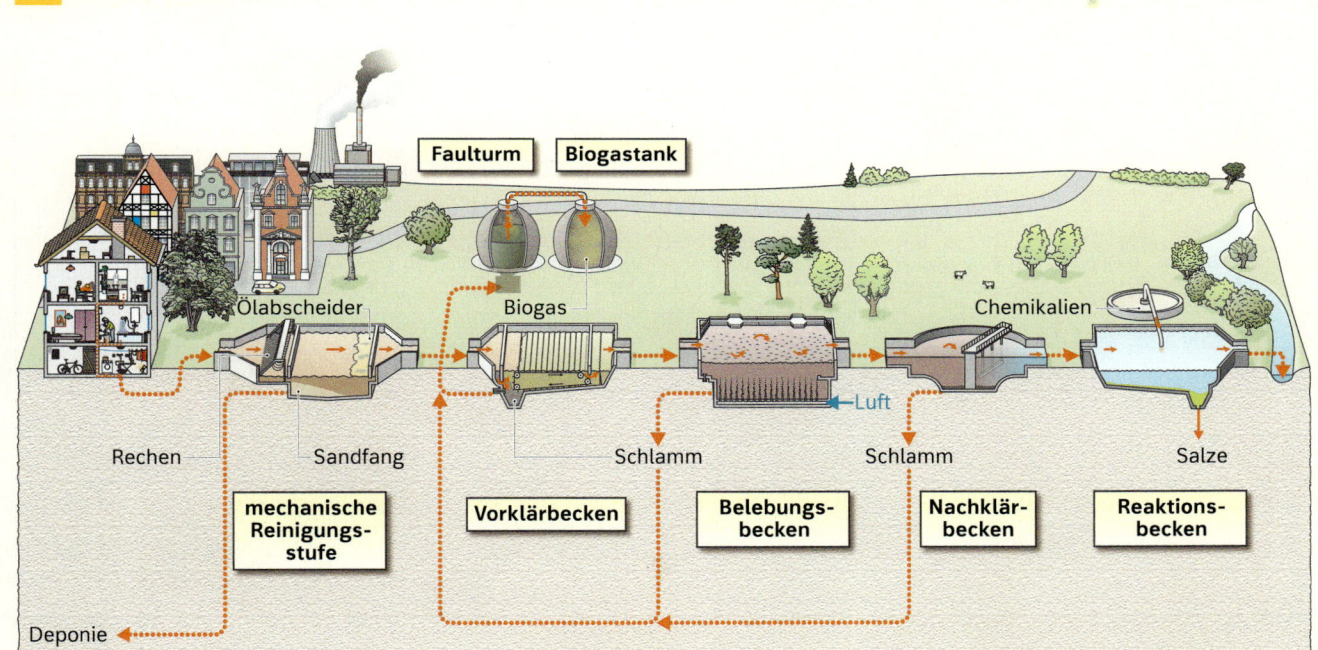

1. ▮▮ Nenne die drei Reinigungsstufen einer Kläranlage.
2. ▮▮ Beschreibe für jede Stufe, was dort vor allem geschieht. ➕
3. ▮▮ Begründe, warum die Mitarbeiter einer Kläranlage besonders darauf achten, dass es den Bakterien „gut" geht. ➕

4. ▮▮ Toiletten dürfen nicht als Mülleimer benutzt werden. Begründe jeden Tipp, der rechts in dem Kasten steht.
5. ▮▮ Erkläre, weshalb es sinnvoll ist, dass der Faulschlamm einer Kläranlage auch genutzt wird.

Das darf nicht in die Toilette:
▸ Alle festen Abfälle, die auch in den Hausmüll können, z.B. Essensreste
▸ Papier (nur WC-Papier ist erlaubt)
▸ Öle und Fette
▸ Windeln, egal ob aus Stoff oder Kunststoff
▸ Arzneimittel, Farblacke, Benzin…

Wasser ist lebenswichtig. Doch welche Eigenschaften besitzt es?

1 | Sprudelndes Mineralwasser enthält gelöstes Gas

Eigenschaften von Wasser

Wasser-temperatur (in °C)	Löslichkeit von Sauerstoff (pro 100 ml Wasser)
0	14,2 g
5	12,4 g
10	10,9 g
15	9,8 g
20	8,8 g
25	8,1 g
30	7,5 g

2 | Löslichkeit von Sauerstoff in Wasser bei unterschiedlichen Temperaturen

Wasser löst viele Stoffe

Frischer Sprudel schmeckt prickelnd, weil das Gas Kohlenstoffdioxid im Wasser gelöst ist. Schon nach ein paar Minuten schmeckt der Sprudel fade. Das liegt daran, dass das Kohlenstoffdioxid wieder aus dem Sprudel in die Luft entwichen ist.

Auch Sauerstoff löst sich in Wasser. Ohne Sauerstoff im Wasser wäre das Leben von Tieren im Wasser nicht möglich – denn sie holen sich den Sauerstoff aus dem Wasser.

Die Löslichkeit von Gasen hängt von der Wassertemperatur ab. Je höher die Temperatur ist, desto weniger Gas löst sich im Wasser.

Auch viele feste und flüssige Stoffe lösen sich in Wasser. Unser Blut besteht zum größten Teil aus Wasser. In ihm werden zahlreiche Stoffe in gelöster Form transportiert.

Hat Wasser eine Haut?

Manche Insekten können auf der Wasseroberfläche laufen. Es scheint so, als hätte das Wasser eine Haut. Die Insekten gehen nicht unter, weil das Wasser eine große Oberflächenspannung hat. Deshalb schwimmen auch Büroklammern oder Reißnägel auf dem Wasser, wenn man sie sehr vorsichtig darauf ablegt.

Wasser ist ein gutes Lösungsmittel für viele Stoffe.
Wasser besitzt eine sehr große Oberflächenspannung.

Material mit Aufgaben

P1 | Oberflächenspannung

Material: Behälter mit Wasser, Büroklammern, Reißnägel

Durchführung: Versuche, ganz vorsichtig eine Büroklammer oder einen Reißnagel auf die Wasseroberfläche zu legen – ohne, dass sie untergehen.

Eis ist leichter als Wasser

Eiswürfel und Eisberge schwimmen an der Wasseroberfläche. Denn festes Eis ist leichter als flüssiges Wasser.

Das ist aber eine Ausnahme; deshalb spricht man hier auch von der **Anomalie des Wassers.**

Normalerweise ist es genau umgekehrt: Feste Stoffe sind schwerer als die gleichen Stoffe in flüssiger Form. Ein Stück festes Kerzenwachs sinkt daher in flüssigem Wachs nach unten.

Ein See friert von oben her zu

Bei +4 °C ist Wasser am schwersten. Kühlt das Wasser in einem See noch weiter ab, wird es wieder etwas leichter. Das kühlere Wasser bleibt daher oben. Wird es noch kühler, gefriert es oben zu einer Eisschicht. Das Wasser darunter ist etwas wärmer und bleibt flüssig. Tiere und Pflanzen können daher den Winter im Wasser überleben.

Anomalie des Wassers: Festes Eis ist leichter als flüssiges Wasser. Wasser mit 4 °C ist am schwersten. Gewässer frieren daher von oben her zu.

A Nenne mindestens drei Beispiele für Wasser als Lösungsmittel.

B Begründe mit Hilfe von Tabelle 2, Seite 90, weshalb Fische im Hochsommer an Sauerstoffmangel leiden können.

C Erkläre, weshalb manche Insekten auf der Wasseroberfläche laufen können.

D Begründe, weshalb ein Eiswürfel im Wasser oben schwimmt.

Material mit Aufgaben

P2 Schwimmen oder sinken?

Material: 2 Bechergläser, Wasser, Eiswürfel, flüssiges Kerzenwachs, Würfel aus festem Kerzenwachs

Durchführung: Gib einen Würfel festes Kerzenwachs in ein Becherglas mit flüssigem Wachs. Gib einen Eiswürfel in ein Becherglas mit Wasser. Vergleiche beide Ansätze.

1. ▯▮ Erkläre deine Ergebnisse. ✚

Wachs, fest

Wachs, flüssig

M3 Warum platzt die Flasche?

1. ▯▮ Beschreibe, was mit der Glasflasche (rechts) passiert ist.
2. ▯▮ Erkläre, wie es dazu kommen konnte. ✚

M4 Ein See im Winter

1. ▯▮ Erkläre mit Hilfe des Info-Textes links, weshalb ein See im Winter von oben her zufriert. ✚
2. ▯▮ Begründe, weshalb ein sehr flacher See im Winter gefährdet ist.

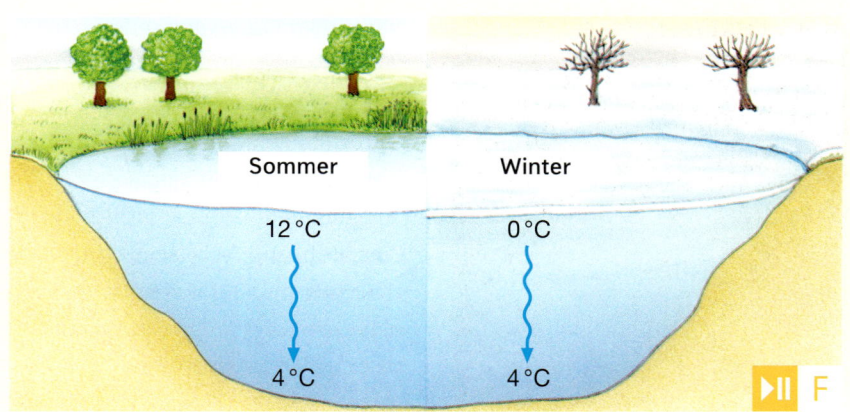

Sommer   Winter

12 °C   0 °C

4 °C   4 °C

▶❚❚ F

Umweltschützer warnen:
Plastikmüll im Meer gefährdet
unsere Umwelt.
Wie kommt das Plastik ins Meer?

1   Plastikmüll gibt es überall am Meer

Plastikmüll im Meer

2   Plastikmüll bedroht Meerestiere

3   Kleine Plastikteilchen am Strand

Obwohl es verboten ist, Müll im Meer zu entsorgen, gelangen riesige Mengen Kunststoffmüll in die Weltmeere: etwa 8–10 Millionen Tonnen jedes Jahr. Er wird durch Strömungen weltweit verteilt.

Woher kommt der Plastikmüll?

Man schätzt, dass etwa ein Fünftel des Mülls von Schiffen oder Bohrinseln stammt, zum Beispiel riesige Fischerei-Netze oder Waren aus verlorenen Containern.

Der meiste Plastikmüll stammt aber vom Land, vor allem aus Flüssen. Dort landet oft auch der Müll, den der Wind weggeblasen hat. Ein großer Teil des Plastiks besteht aus kleinen Plastikteilchen, dem Mikroplastik. Unter Mikroplastik versteht man Plastikteilchen unter 5 Millimeter Größe.

Wie entsteht Mikroplastik?

Mikroplastik entstehet aus größeren Plastikteilen, die jahrelang im Meer schwimmen und durch Sonne, Wind und Wellen immer weiter zerkleinert werden. Aber auch unser Abwasser enthält Mikroplastik, zum Beispiel in Form von Textilfasern aus Kunststoff. Sie werden beim Waschen aus der Kleidung freigesetzt. Viel Mikroplastik kommt aus dem Abrieb von Reifen und Bremsscheiben von Autos. Kleine Kügelchen aus Kunststoff wurden viele Jahre lang als feines Schleifmittel in Zahncremes und Duschmitteln eingesetzt.

Wo kommt Mikroplastik vor?

Mikroplastik ist inzwischen überall: im Boden, im Wasser und in der Luft. Man hat sie auch in Lebensmitteln wie Milch, Honig, Mineralwasser und Bier nachgewiesen.

Direkte Gefahren des Plastikmülls

Meerestiere und Seevögel verfangen sich in alten Netzen und Plastiktüten und verenden. Viele Tiere verwechseln Plastikmüll mit Nahrung und fressen ihn. Die Plastikteile „riechen" nämlich ähnlich wie Plankton oder Fisch, weil sie mit Algen bewachsen sind. An der unverdaulichen Beute gehen sie dann zugrunde oder sie verhungern.

Indirekte Gefahren

Plastikteilchen können schädliche Stoffe enthalten, etwa Weichmacher oder Flammschutzmittel. Es lagern sich dort aber auch Schadstoffe aus den Meeren an. Die giftbeladenen Plastikteilchen gelangen in den Körper der Meerestiere. Wer sich davon ernährt, nimmt die Schadstoffe dann ebenfalls auf. So landen die Schadstoffe der Plastikabfälle bei uns Menschen. Wissenschaftler haben Mikroplastik inzwischen im Darm sowie in Lunge, Leber und Gehirn von Menschen nachweisen können.

Es ist aber noch wenig darüber bekannt, wie groß die gesundheitlichen Gefahren für den Menschen sind.

==Große Mengen Plastikmüll sowie Mikroplastik belasten unsere Umwelt, vor allem die Gewässer.==

A Erläutere, woher der Plastikmüll im Meer kommt.

B Erkläre, wie Mikroplastik entsteht.

C Nenne die direkten Gefahren des Plastikmülls für Vögel und Wassertiere.

D Welche indirekten Gefahren bringt der Plastikmüll in den Meeren?

Material mit Aufgaben

M1 So gelangt Plastikmüll ins Meer

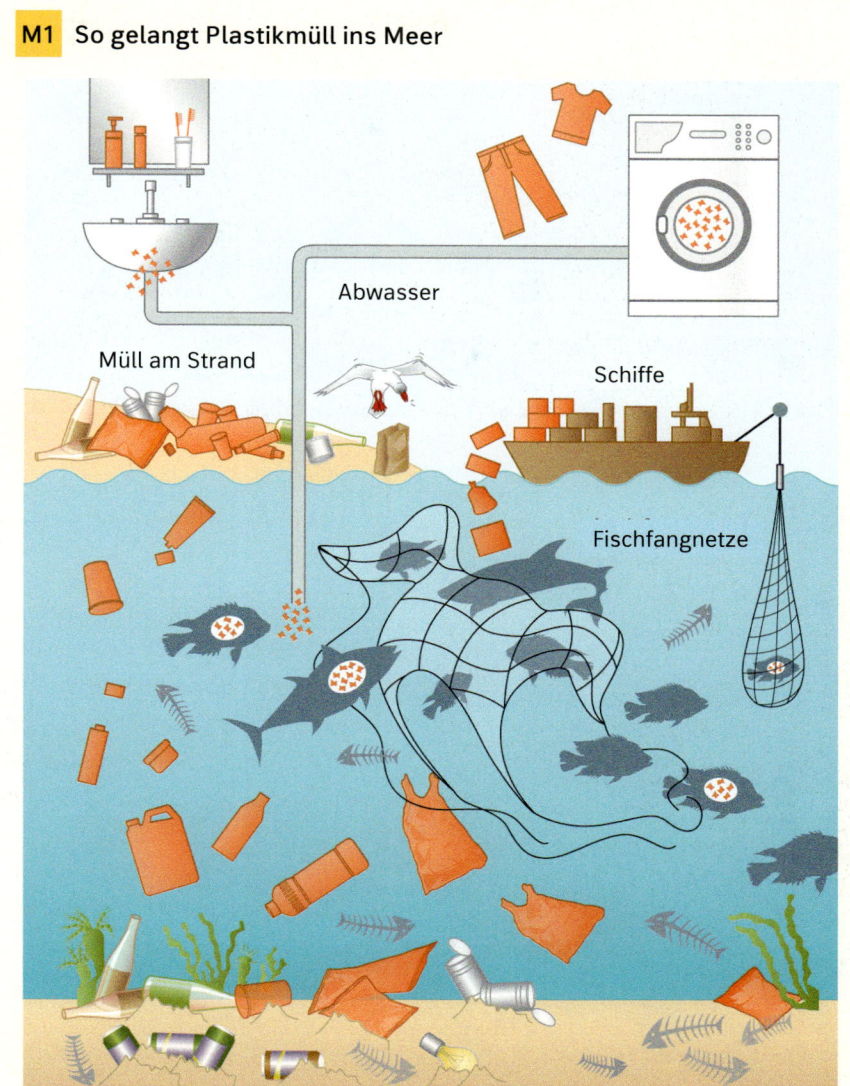

Abwasser

Müll am Strand

Schiffe

Fischfangnetze

1. Beschreibe die Abbildung: Auf welchen Wegen gelangt Plastik ins Meer?
2. Vergleiche und bewerte, wie lange es dauert, bis sich Gegenstände im Meer zersetzen.
3. Diskutiert in Gruppen, was man tun kann, damit es weniger Plastikmüll gibt.

Gegenstand	Zersetzungsdauer
Plastik-Einkaufstüte	20 Jahre
Kaffeebecher	50 Jahre
Gummistiefel	100 Jahre
PET-Getränkeflasche	450 Jahre
Fischfangnetz, Autoreifen	500 Jahre
Zeitung	6 Wochen
Apfelgehäuse	2 Monate
Wollsocke	1-5 Jahre

Weshalb brauchen wir immer mehr Wasser – und welche Probleme ergeben sich dadurch?

1 Plastik-Gewächshäuser, so weit das Auge reicht; Obst und Gemüse im heißen Spanien brauchen viel Wasser

Trinkwasser für alle?

Der Gemüsegarten Europas braucht viel Wasser

In Südspanien erntet man unter den Plastikplanen der Gewächshäuser das ganze Jahr über große Mengen an Tomaten, Paprika, Zucchinis und Gurken.

Neben viel Sonne und Wärme ist dafür auch sehr viel Wasser notwendig. Doch in Südspanien regnet es kaum, das Wasser ist knapp; es muss künstlich bewässert werden.

Weil es dort nur wenige Flüsse gibt, holt man das Wasser aus dem Boden. Die Grundwasservorräte sind deshalb bereits knapp geworden.

Die Wasservorkommen der Erde sind ungleich verteilt

In Nordeuropa sind wir im Durchschnitt gut mit Wasser versorgt. Es gibt aber viele Regionen auf der Erde mit Wassermangel. Das liegt vor allem an der geografischen Lage und am Klima.

Es kann deshalb auch zu Konflikten kommen, wenn ein Staat so stark auf das Wasser eines Flusses zugreift, dass es für die nachfolgenden Staaten nicht mehr ausreicht.

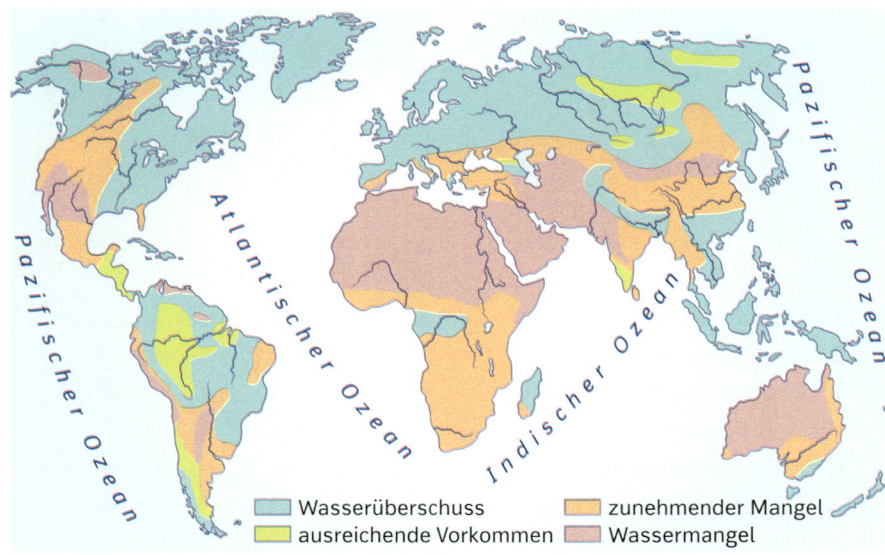

Wasserüberschuss
ausreichende Vorkommen
zunehmender Mangel
Wassermangel

2 In vielen Regionen der Erde gibt es einen Mangel an Trinkwasser

Folgen des Wassermangels

Etwa 2 Milliarden Menschen haben keinen Zugang zu sauberem Trinkwasser; etwa 4 Milliarden haben keine sicheren Sanitäranlagen. Viele Menschen sterben an Krankheiten, die mit der schlechten Wasserversorgung zusammenhängen.

Weltweiter Wasserbedarf

Weltweit gesehen benötigt die Landwirtschaft mehr Wasser als Haushalte und Industrie zusammen. Und der Wasserbedarf steigt weiter an. Dafür gibt es mehrere Ursachen:

▸ **Bevölkerungswachstum:** Es leben immer mehr Menschen auf der Erde. Sie müssen mit Lebensmitteln und Trinkwasser versorgt werden.

▸ **Wirtschaftliche Entwicklung:** Je stärker ein Land wirtschaftlich entwickelt ist, desto größer ist der Wasserverbrauch. Die Menschen haben immer höhere Ansprüche und die Industrie produziert deshalb immer mehr Waren.

▸ **Klimawandel:** Auf der Erde wird es wärmer. Trockengebiete dehnen sich aus, die Niederschläge fallen unregelmäßiger und extremer als früher. Das wird die Wasserversorgung weiter erschweren.

Was kann man tun?

Wer Wasser sparsam nutzt, kommt länger damit aus. Moderne Bewässerungstechniken in der Landwirtschaft können dabei helfen. In trockenen Regionen sollten keine Pflanzen angebaut werden, die viel Wasser brauchen.
Gebrauchtes Wasser sollte gereinigt und wiederverwendet werden.

Entsalzungsanlagen entfernen das Salz aus dem Meerwasser – und machen es so trinkbar.
Die Maßnahmen gegen die Klimaerwärmung helfen auch gegen Wassermangel.

In vielen Regionen der Erde herrscht Wassermangel. Das Wasser muss deshalb besser genutzt werden.

A Nenne Gründe, weshalb der Bedarf an Wasser zunimmt.

B Beschreibe Maßnahmen, um mit dem Wasser besser auszukommen.

3 Die Tröpfchen-Bewässerung spart Wasser

Material mit Aufgaben

M1 Weltweiter Wasserbedarf

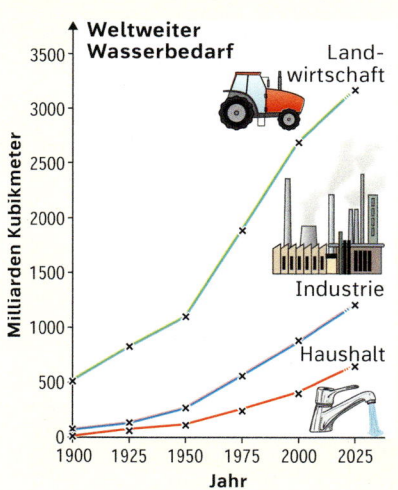

1. ▌▌▌ Beschreibe den zeitlichen Verlauf des Diagramms.
2. ▌▌ Nenne mögliche Ursachen für den Verlauf der Kurven. ✚
3. ▌▌▌ Auf welche Weise kann die Klimaerwärmung die Nutzung von Wasser beeinflussen?

M2 Nebelfänger

1. ▌▌ Vermute, welche Aufgabe „Nebelfänger" haben könnten.
2. ▌▌ Erkläre, wie solche Netze vermutlich arbeiten. ✚
3. ▌▌ Begründe, weshalb ein Nebelfänger nur in ganz bestimmten Regionen funktioniert. ✚

Der Wasserkreislauf

Das Wasser auf der Erde befindet sich in einem ständigen Kreislauf:
Wasser verdunstet, kondensiert und versickert wieder im Boden.
Die Energie der Sonne treibt den Wasserkreislauf an.
Das meiste Wasser auf der Erde ist salziges Meerwasser, das man nicht trinken kann. Salzarmes Wasser heißt Süßwasser. Dieses Wasser trinken wir.

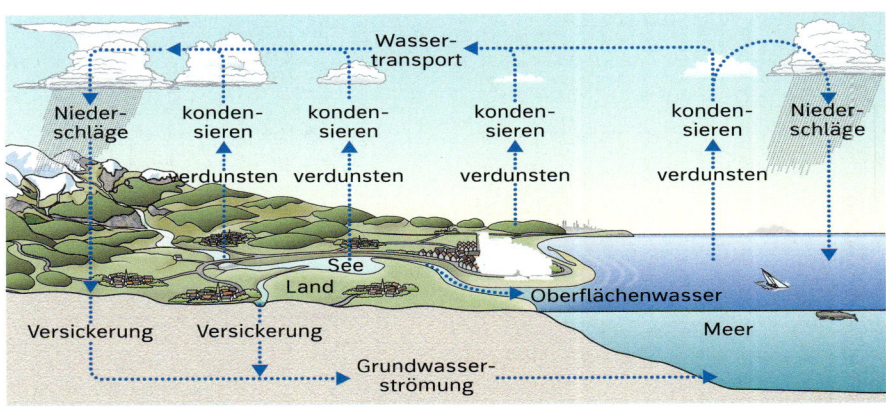

Die Bedeutung von Wasser

Wasser ist lebenswichtig für alle Lebewesen. Auch als Lebensraum, als Transportmittel, als erneuerbare Energiequelle und ist es sehr wichtig.
Wasser, das zur Herstellung eines Produkts benötigt wird, heißt verstecktes oder virtuelles Wasser.

Trinkwasser

Trinkwasser wird aus Grundwasser, Quellwasser und Flusswasser gewonnen. In Wasserwerken wird es gesammelt, gereinigt und keimfrei gemacht.
Bei der Trinkwasserkontrolle müssen strenge Grenzwerte eingehalten werden.

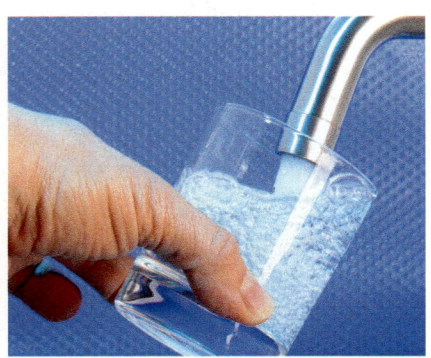

Abwasser reinigen

Abwasser gelangt über die Kanalisation in eine Kläranlage. Hier wird es mechanisch, biologisch und manchmal auch chemisch gereinigt.

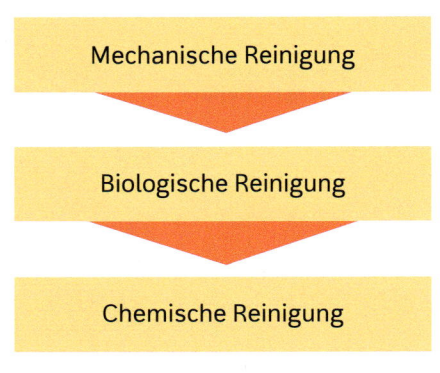

Mechanische Reinigung

Biologische Reinigung

Chemische Reinigung

Anomalie des Wassers

Eis schwimmt, weil es leichter als flüssiges Wasser ist. Gewässer gefrieren zuerst an der Oberfläche.
Wasser zieht sich zusammen, wenn es abgekühlt wird, aber nur bis +4 °C. Kühlt es stärker ab, dehnt es sich wieder aus.

Oberflächenspannung

Wasser hat eine große Oberflächenspannung. Manche Insekten können daher auf der Wasseroberfläche laufen.

Lösungsmittel

Wasser löst viele Stoffe: feste, flüssige und gasförmige.
Gase lösen sich in kaltem Wasser besser als in warmem Wasser.

1 Wasserarten

A ||| Nenne den wesentlichen Unterschied zwischen Süßwasser und Salzwasser.

B || Entscheide, welche der folgenden Aussagen richtig ist.
- ▸ Auf der Erde gibt es viel mehr Süßwasser als Salzwasser.
- ▸ Ein großer Teil der Erdoberfläche ist von Süßwasser bedeckt.
- ▸ Weniger als 1/10 des Wassers auf der Erde ist Süßwasser.

C ||| Veranschauliche die ungefähre Mengenverteilung von Süßwasser und Salzwasser mit einem Balkendiagramm.

2 Bedeutung des Wassers

A ||| Erläutere, welche Bedeutung das Wasser für uns als Lebensmittel hat.

B || Nenne vier weitere Nutzungsmöglichkeiten von Wasser.

C || Beschreibe, welche Bedeutung das Schwitzen für uns hat.

3 Wasserkreislauf

A ||| Erläutere, wodurch der Wasserkreislauf auf der Erde aufrechterhalten wird.

B || Beschreibe, wie das Grundwasser entsteht.

C ||| Erkläre, wie es zur Wolkenbildung kommt.

D ||| Begründe, weshalb der Wasserkreislauf ein „geschlossener Kreislauf" ist.

4 Verstecktes Wasser

A ||| Erläutere, was man unter verstecktem (virtuellem) Wasser versteht.

B || Nenne mindestens zwei Produkte mit den ungefähren Mengenangaben für verstecktes Wasser.

C || Begründe, weshalb es sinnvoll ist, Kleidung möglichst lange zu tragen.

5 Trinkwasser

A ||| Erläutere, woher unser Trinkwasser kommt.

B ||| Erkläre, weshalb das Wasser im Wasserwerk aufbereitet werden muss, bevor es als Trinkwasser in die Haushalte geleitet wird.

C ||| Begründe den Einsatz von Ozon, Chlor oder UV-Licht im Wasserwerk.

D ||| Begründe, weshalb die Trinkwasserqualität besonders gut überwacht wird.

6 Abwasser

A || Erläutere, was mit dem Abwasser in den drei Stufen einer Kläranlage geschieht.

B || Erkläre das Reinigungsprinzip, das beim Sandfang und beim Fettabscheider in der Kläranlage genutzt wird.

C ||| Begründe, weshalb Faulschlamm ein wertvoller Rohstoff ist.

7 Plastikmüll im Meer

A ||| Erläutere, woher der Plastikmüll im Meer kommt.

B || Beschreibe die Gefahren von Plastikmüll im Meer.

8 Eigenschaften von Wasser

A || Nenne drei Eigenschaften von Wasser.

B ||| Finde heraus, was an dieser Abbildung (unten) nicht stimmt.

Seit wann nutzt der Mensch das Feuer für sich?
Worauf kommt es an, wenn man ein Feuer machen will?
Wie kann man ein Feuer löschen?

Feuer und Flamme

5

Die Beherrschung des Feuers ist eine der wichtigsten Stationen in der Entwicklungsgeschichte des Menschen. Auch heute noch spielen Verbrennungen eine wichtige Rolle in unserem Leben: In Benzinmotoren laufen Verbrennungen ab, Wärmekraftwerke erzeugen elektrischen Strom und Heizungen sorgen dafür, dass es auch im Winter warm und behaglich in den Wohnungen ist.

Auch bei der Herstellung von Eisen, Glas oder Keramik nutzen wir die Energie des Feuers.

Doch Feuer kann auch Dinge zerstören und Menschenleben bedrohen. Deshalb ist es gut zu wissen, wie man sicher mit Feuer umgeht.

Ein Waldbrand kann sich erschreckend schnell ausbreiten. Was sind die Folgen?

▶❚❚ F

1 Waldbrand in Australien

Feuer – gefährlich und nützlich

Gefährliches Feuer

Buschfeuer gibt es in Australien jedes Jahr. Doch zwischen Juni 2019 und März 2020 war es extrem: Hunderte Feuer brannten auf Flächen von insgesamt 120 000 Quadratkilometern.

Es brannten fast 6 000 Gebäude ab. Etwa 4 000 Menschen mussten in Krankenhäusern behandelt werden, rund 30 davon sind gestorben. Man schätzt, dass eine Milliarde Tiere in den Flammen umgekommen sind, darunter über 30 000 Koalas.

Durch das Großfeuer in Australien sind riesige Mengen an feiner Asche und Rauchgasen in die Luft gelangt. Sie verteilten sich über die ganze Erde. Auch große Mengen des klimaschädlichen Gases Kohlenstoffdioxid sind entstanden.

Oft liegt am Anfang eines gewaltiger Feuers Brandstiftung oder auch Fahrlässigkeit vor. Der Boden ist dort so trocken, dass ein einziger Funke genügt, um das Gras in Brand zu setzen.

Nützliches Feuer

Feuer kann auch sehr nützlich sein. Jeder möchte es im Winter warm haben. Deshalb nutzen wir die Wärme von Feuer, das durch die Verbrennung von Gas, Öl, Kohle oder Holz entsteht.

Feuer und Verbrennungen gibt es in jedem Automotor, wenn Benzin verbrannt wird.

Kraftwerke gewinnen elektrische Energie aus der Verbrennung von Kohle oder Gas. Feuer nutzt man auch, um Keramik, Glas und Metalle zu gewinnen.

2 Ein Feuer liefert Wärme und Licht

3 Bei der Eisenherstellung braucht man Feuer

Feuer seit der Steinzeit

Schon vor etwa zwei Millionen Jahren begannen die Menschen der Steinzeit, das Feuer zu nutzen. Damals ging das nur mit natürlich entstandenem Feuer, etwa nach Gewitterblitzen.

Eine Art Ur-Feuerzeug, das man gefunden hat, soll ungefähr 800 000 Jahre alt sein.

Das Feuer hatte für die Menschen der Steinzeit große Vorteile: Das Fleisch, eine wichtige Hauptnahrungsquelle, war durchgegart schmackhafter, besser verdaulich und länger haltbar. In der Nacht konnte man mit Feuer außerdem besser sehen; und Raubtiere konnte man mit einer Fackel besser abwehren.

Auch heute ist Feuer wichtig für uns. Es kann sehr nützlich sein; es kann aber auch zerstörend wirken und Menschenleben bedrohen.

A Nenne Beispiele für erwünschtes und unerwünschtes Feuer.

B Nenne einige Vorteile des Feuers für die Steinzeitmenschen.

Material mit Aufgaben

Es ist gar nicht so einfach, ohne Feuerzeug oder Streichhölzer ein Feuer zu machen. Man braucht auf jeden Fall viel Geduld...

P1 **Funken schlagen**

Feuerstein   Pyrit

1. ▐▐ Versuche Funken zu erzeugen, indem du einen Feuerstein und ein Stück eisenhaltiges Gestein (Pyrit oder Markasit) kräftig aneinanderschlägst.
2. ▐▐ Vermute und plane, wie du mit Hilfe der Funken ein Feuer entzünden könntest. ➕

M2 **Feuerbohren**

1. ▐▐ Der spitze Stab muss aus hartem Holz sein, das Brett aus weichem Holz. Der Stab muss möglichst schnell und längere Zeit auf dem Brett gedreht werden.
2. ▐▐ Erkläre, auf welche Weise hier die Hitze erzeugt wird, physikalisch betrachtet. ➕

Ein Osterfeuer kann ein beeindruckendes Erlebnis sein.
Doch was braucht man für ein Feuer überhaupt?

1 Osterfeuer

Ein Feuer entzünden

Für ein Feuer braucht man ...

2 Bedingungen für ein Feuer

Brennstoffe

Für ein Feuer braucht man brennbares Material. Das sind Brennstoffe. Es gibt feste Brennstoffe wie Holz, Papier oder Kohle. Spiritus oder Benzin sind flüssige Brennstoffe. Brennbare Gase wie Erdgas oder Wasserstoff sind besonders leicht entzündbar.

Luft (Sauerstoff)

Feuer braucht Luft zum Brennen. Der Stoff in der Luft, auf den es dabei ankommt, ist der Sauerstoff. Er brennt nicht selbst, ist aber für Verbrennungen notwendig.

Zündtemperatur

Jeder Brennstoff entzündet sich erst ab einer bestimmten Temperatur, der Zündtemperatur. Sie ist von Brennstoff zu Brennstoff verschieden.

Es spielt dabei keine Rolle, wie diese Temperatur erzeugt wird. Eine offene Flamme ist dabei gar nicht notwendig, die Hitze allein genügt.

Du kannst das an diesem Beispiel sehen: Fett in einer Pfanne auf dem Herd beginnt ganz von allein zu brennen, wenn die Zündtemperatur erreicht ist.

3 Holz, immer feiner zerteilt

Zerteilungsgrad

Einen dicken Holzklotz kannst du nicht mit einem Streichholz entzünden; bei einem dünnen Holzspan oder Holzmehl klappt es dagegen.

Es kommt also auch darauf an, wie fein zerteilt ein Brennstoff vorliegt (Abb. 3). Je feiner ein Brennstoff ist, desto schneller und besser brennt er. Das liegt daran, dass der fein zerteilte Brennstoff eine größere Oberfläche besitzt.

Für ein Feuer braucht man einen Brennstoff, Luft (Sauerstoff) und eine ausreichende Zündtemperatur.
Eine Verbrennung verläuft besser, wenn der Brennstoff fein zerteilt ist.

A Nenne fünf brennbare Stoffe.
B Beschreibe, was in Abb. 2 (links) dargestellt ist.
C Erkläre, was bei einem Grillfeuer geschieht, wenn es zu wenig Luft bekommt.

Zündtemperaturen in °C	
Streichholzkopf	60
Zeitungspapier	175
Holzkohle	150–250
Kerzenwachs	250
Holz	280–340
Baumwolle	450
Kokskohle	700

4 Zündtemperaturen einiger Feststoffe

Material mit Aufgaben

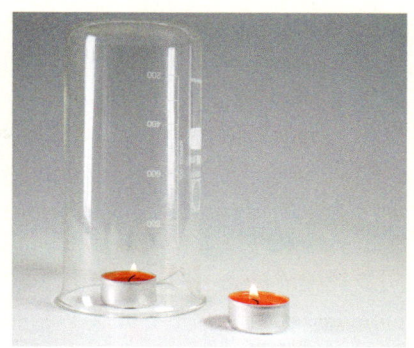

P1 Experiment mit einer Kerze

Material: Becherglas, 2 Teelichter, Streichhölzer oder Feuerzeug

Durchführung: a) Stelle ein Becherglas über ein brennendes Teelicht und beobachte, was geschieht.
b) Zünde das zweite Teelicht an. Nimm das Becherglas, ohne es zu belüften, vom ersten Teelicht ab und stelle es rasch über das zweite Teelicht.

1. ▊ Begründe die verschiedenen Beobachtungen bei a) und b). ➕

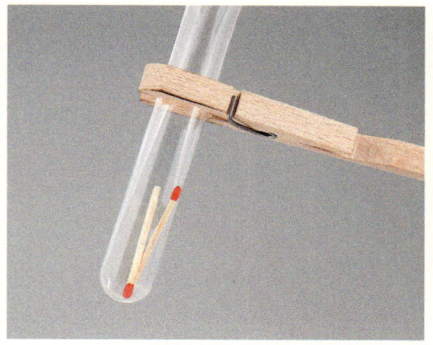

P2 Streichhölzer im Reagenzglas

Material: Reagenzglas, Reagenzglashalter, Streichhölzer, Gasbrenner

Durchführung: Gib zwei Streichhölzer in ein Reagenzglas. Erhitze das Reagenzglas mit einem Brenner.

1. ▊ Beschreibe deine Beobachtung.
2. ▊ Erläutere, welche Eigenschaft beim Feuermachen du mit diesem Versuch zeigen kannst.
3. ▊ Vergleiche den Versuch mit der Methode, wie Streichhölzer üblicherweise entzündet werden. ➕

M3 Ein Lagerfeuer entzünden

Drei Freunde wollen gemeinsam ein Lagerfeuer machen.

1. ▊ Nenne die drei wichtigsten Bedingungen für ein Feuer.
2. ▊ Beschreibe, wie die Freunde vorgehen sollen, um ein Holzfeuer zu machen. ➕
3. ▊ Leider ist das Holz, das sie draußen finden, etwas feucht. Erläutere, was sie alles tun könnten, damit das Feuermachen vielleicht doch noch gelingt.

Was geschieht eigentlich beim Anzünden einer Kerze?

1 Eine Kerze wird entzündet

Wie brennen Kerzen?

Eine Kerze anzünden

Die Flamme eines Streichholzes erhitzt den Docht der Kerze. Das feste Wachs im Docht wird erst flüssig, dann gasförmig. Erst jetzt, im gasförmigen Zustand, lässt sich das Wachs entzünden. Die Kerze brennt.

Die Flamme schmilzt weiteres Wachs. Es steigt im Docht nach oben. Die Flamme verdampft es und liefert so den Nachschub an gasförmigem Brennstoff.

Die Kerzenflamme

Kerzenflammen sind etwa 500 b s 800 °C heiß. Ein Gasbrenner in der Schule erreicht etwa 1 000 °C.

Flammen zeigen immer an, dass ein gasförmiger Stoff brennt.

Eine Kerzenflamme hat verschiedene Temperaturbereiche. Nahe am Docht ist es weniger heiß. Dort befindet sich vor allem gasförmiges Wachs. Im mittleren Bereich verbrennt ein Teil des Wachses, dort ist es daher heißer.

Am äußeren Flammenrand ist es am heißesten. Dort verläuft die Verbrennung besonders gut.

In einer Kerze verbrennt gasförmiges Wachs. Flammen zeigen an, dass ein gasförmiger Stoff brennt.

A Beschreibe die Vorgänge beim Anzünden einer Kerze.

B Erkläre die Aufgabe des Kerzendochtes.

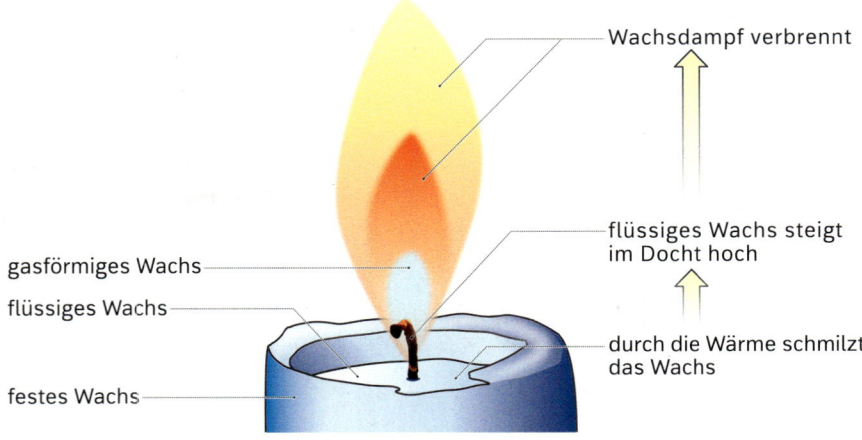

Wachsdampf verbrennt

flüssiges Wachs steigt im Docht hoch

gasförmiges Wachs

flüssiges Wachs

festes Wachs

durch die Wärme schmilzt das Wachs

2 Vorgänge bei einer brennenden Kerze

Material mit Aufgaben

P1 | Was brennt bei einer Kerze?

Material: Teelicht, Streichhölzer

Durchführung: a) Nimm ein Teelicht und hole das Wachs mit dem Docht aus dem Metallbecher heraus. Entferne den Docht.
b) Versuche nun, das Wachs ohne Docht anzuzünden.
c) Stelle den Docht (mit Halterung) auf eine feuerfeste Unterlage. Zünde ihn an und beobachte.

1. ▌▌ Beschreibe deine Beobachtungen.
2. ▌▌ Versuche, deine Beobachtungen zu erklären. ✚
3. ▌▌▌ Begründe, weshalb ein sehr kleiner Docht bei einer Kerze zu einer sehr kleinen Flamme führt – und ein sehr langer Docht zu einer großen Flamme.

P2 | Untersuchung der Kerzenflamme

Material: Kerze oder Teelicht, Streichhölzer, Holzstäbchen, Tiegelzange, Eisendraht

Durchführung: a) Halte ein Holzstäbchen in die untere Hälfte einer Kerzenflamme. Ziehe es heraus, bevor es zu brennen beginnt. Betrachte es genau.
b) Halte mit einer Tiegelzange einen dünnen Eisendraht an verschiedene Stellen in der Flamme. Finde heraus, wo die Flamme besonders heiß ist.

1. ▌▌ Beschreibe, wie sich das Holzstäbchen verändert hat.
2. ▌▌ Erkläre, was du daraus ablesen kannst. ✚
3. ▌▌ Erläutere, wie du mit dem Eisendraht feststellen kannst, wo die Flamme besonders heiß ist. ✚
4. ▌▌▌ Begründe, warum die heißeste Stelle bei einer Kerzenflamme oben an der Spitze liegt.

P3 | Die Tochterflamme

Material: 2 Kerzen, Streichhölzer, Glas- oder Metallröhrchen, Tiegelzange

Durchführung: a) Lass zwei Kerzen etwa 1 Minute brennen. Halte dann mit der Tiegelzange ein Glas- oder Metallröhrchen in die dunkle Zone der Flamme, dicht über dem Docht, schräg nach oben. Halte die zweite Kerze an das andere Ende des Röhrchens.
b) Blase die Kerzen aus dem Versuch wieder aus und beobachte.

1. ▌▌ Beschreibe, was du bei Aufgabe a) beobachtet hast.
2. ▌▌ Erkläre diese Beobachtung. ✚
3. ▌▌ Beschreibe, was du siehst, wenn du eine Kerze ausbläst. Vermute, worum es sich dabei handelt. ✚
4. ▌▌▌ Wie könntest du deine Vermutung (aus 3.) beweisen?

Was für eine gewaltige Zerstörung!
Was ist hier geschehen?

1 Folgen einer Mehlstaubexplosion in Bremen im Jahr 1979

Gefährliche Verbrennungen!

Mehlstaubexplosion

Es ist kaum zu glauben: Trockener Staub aus Mehl oder Holz kann explodieren! Ist der Staub fein in der Luft verteilt, hat er eine sehr große Oberfläche. Dann können viele Staubteilchen nahezu gleichzeitig verbrennen. Ein Funke genügt, um die Explosion auszulösen. Die Wirkung unterscheidet sich kaum von einer Explosion mit Sprengstoff.

Vorsicht beim Grillen!

Eine brennbare Flüssigkeit darf niemals über brennendes Holz oder entzündete Holzkohle gegossen werden. Das ist lebensgefährlich!

Brennspiritus oder Benzin verdunsten rasch und bilden mit Luft ein explosives Gemisch. Gelangt es auf Feuer, entzündet es sich schlagartig. So kommt es zu einer explosionsartigen Verpuffung mit einer großen Stichflamme. Das kann zu schwersten Brandverletzungen führen. Spezielle Grillanzünder sind dagegen sehr sicher.

Wenn in der Luft brennbare Stoffe fein verteilt sind, besteht Explosionsgefahr. Wegen der großen Oberfläche können viele Teilchen fast gleichzeitig verbrennen.

A Beschreibe, wie es zu einer Staubexplosion kommen kann.

B Erkläre, weshalb Spiritus beim Grillen lebensgefährlich ist.

2 Spiritus fürs Grillen ist sehr gefährlich!

Material mit Aufgaben

M1 Staubexplosionen

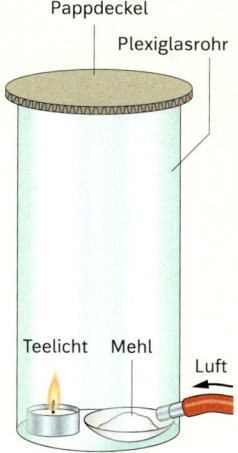

Pappdeckel
Plexiglasrohr

Teelicht   Mehl
Luft

Auf der Abbildung siehst du oben einen Versuchsaufbau zu einer (kleinen) Staubexplosion.

1. ▌▌ Beschreibe den Versuchs-aufbau.
2. ▌▌ Erkläre, wie es zu der Explo-sion kommt (Bild unten). ✚
3. ▌▌▌ Erkläre, warum in einer Feuer-werksfabrik die Angestellten kei-ne Kämme oder Bürsten an den Arbeitsplatz mitnehmen dürfen.

P2 Dämpfe brennen leicht

GHS02   GHS07

Material: 2 Porzellanschalen, Holz-span, Streichhölzer, 2 ml Spiritus (GHS 02, 07), 2 ml Pflanzenöl

Durchführung: a) Gib etwa 2 ml Spiritus in eine Porzellanschale. Entzünde in einiger Entfernung den Holzspan. Bringe den Holzspan dann mit ausgestrecktem Arm von oben her in die Nähe der Porzellanschale. Beobachte genau – aber aus einer Armlänge entfernt.
b) Führe nun denselben Versuch mit Pflanzenöl in einer Porzellanschale durch.

1. ▌▌ Beschreibe deine Beobachtun-gen bei a) und b).
2. ▌▌ Versuche die unterschiedlichen Beobachtungen zu erklären. ✚
3. ▌▌▌ Vermute und begründe, welche Beobachtung du bei diesem Ver-such mit Benzin machen würdest.

M3 Flammpunkt

Flammpunkte in °C	
Autobenzin	–45 bis +10
Aceton	–20
Feuerzeugbenzin	7
Brennspiritus	13
Diesel-Kraftstoff	über 55
Petroleum (Lampenöl)	60 bis 93
Rapsöl	230
Motorenöl	170 bis 260

Die Zündtemperatur gibt bekannt-lich an, bei welcher Temperatur sich ein Stoff von selbst entzündet.
Der **Flammpunkt** gibt an, bei welcher Temperatur sich der Dampf über einer Flüssigkeit entzünden lässt (durch einen Zündfunken oder eine Flamme).

1. ▌▌ Erläutere den Unterschied zwi-schen Zündtemperatur und Flammpunkt eines Stoffes. ✚
2. ▌▌ Begründe, weshalb der Um-gang mit Autobenzin gefährlicher ist als der mit Diesel-Kraftstoff. ✚
3. ▌▌▌ Beurteile das Brandrisiko von Benzin und Spiritus bei Zimmer-temperatur.
4. ▌▌▌ Schätze ein, welche Gefahr im Alltag größer ist: die Zündtempe-ratur eines Stoffes zu überschrei-ten oder den Flammpunkt zu überschreiten.

Was sind eigentlich Sprinkleranlagen?

1 Sprinkleranlage

Brandschutz

Sprinkleranlagen

In Einkaufszentren kannst du an der Decke oft kleine Metalldüsen sehen. Sie gehören zu Sprinkleranlagen.

Das sind automatische Löschanlagen. Die Hitze eines Brandes löst sie aus. Sie versprühen dann Wasser und verhindern so, dass sich ein Feuer rasch ausbreiten kann.

Rauchmelder

Bei einem Feuer entsteht immer auch Rauch. Der Rauch ist sehr giftig; wenige Atemzüge können bereits tödlich sein. Damit man auch im Schlaf vor einem Brand in der Wohnung gewarnt wird, sind Rauchmelder in den Schlafzimmern und Fluren gesetzlich vorgeschrieben. Sie geben bei einer Rauchentwicklung laute Alarmsignale ab, sodass die Bewohner gewarnt sind und das Haus rechtzeitig verlassen können.

2 Rauchmelder warnen vor giftigen Gasen

Feuermelder

In Schulen und anderen öffentlichen Gebäuden gibt es oft Feuermelder. Wird der Alarmknopf gedrückt, warnt der Alarmton andere Personen vor dem Brand; meist wird auch gleich die Feuerwehr benachrichtigt.

Feuerlöscher

Zur Bekämpfung kleinerer Brände gibt es Feuerlöscher. Es ist hilfreich, wenn euch jemand zeigt, wie so ein Gerät bedient wird.

Brände vermeiden

Die sicherste Art, sich vor einem Feuer zu schützen ist, keinen Brand entstehen zu lassen. Dazu gehören der achtsame Umgang mit Feuer und das Wissen um Gefahrenquellen. Die meisten Brände entstehen übrigens durch defekte elektrische Geräte oder menschliches Fehlverhalten.

Richtiges Verhalten F

An Orten mit brennbaren Stoffen darf man nicht mit offenem Feuer hantieren oder rauchen. Im Haushalt sollte man keine brennbaren Flüssigkeiten lagern. In der Schule zeigt ein Probealarm, wie du dich bei bei einem Brand verhalten solltest.

- Bei einem Brand solltest du schnell, aber nicht rennend aus dem Raum gehen. Schließe Fenster und Tür hinter dir.

- Gehe tief gebückt, wenn du ver-qualmte Räume durchquerst, denn der Rauch ist am Boden nicht so dicht.
  Halte zusätzlich ein feuchtes Tuch vor Mund und Nase.

- Benutze keine Aufzüge, gehe nicht durch brennende Räume.

- Wähle die Telefonnummer 112, wenn du in Sicherheit bist. Beant-worte die Fragen, die dir gestellt werden.

- Wenn du das Gebäude nicht verlas-sen kannst, solltest du in einem nicht brennenden Raum bleiben und die Türe schließen. Rufe die 112 an und sage deutlich, wo du dich befin-dest. Mache dich am Fenster be-merkbar.

Brände meldet man umgehend bei der Feuerwehr (Telefon: 112). Den Brandort sollte man sofort verlassen. Rauchgase sind sehr gefährlich.

A Beschreibe drei Brandschutzmaß-nahmen.

B Nenne den Vorteil, den eine Sprinkleranlage gegenüber einem Rauchmelder hat.

Material mit Aufgaben

M1 Wichtige Hinweisschilder

1. ▌▌ Ordne diesen Schildern die richtige Bedeutung zu:
Feuerlöscher, Fluchtweg, Rauchen verboten, Löschschlauch

M2 Brandursachen

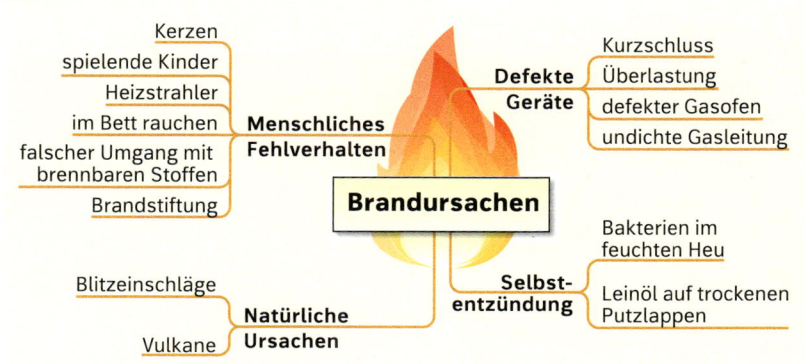

1. ▌▌ In der Mindmap findest du ver-schiedene Ursachen für Brände im Haus. Suche dir vier Beispiele aus und erläutere sie etwas näher.

Welche Methoden gibt es, um ein Feuer zu löschen?

1 Löschen mit Wasser

Feuer richtig löschen

Damit ein Feuer entstehen kann, müssen die drei Bedingungen des Branddreiecks erfüllt sein. Es reicht aus, eine dieser Bedingungen zu beseitigen, um ein Feuer zu löschen.

Abkühlen

Ein Holzfeuer lässt sich gut mit Wasser löschen. Durch das Wasser kühlt das brennende Holz so stark ab, dass die Zündtemperatur unterschritten wird. Das Feuer geht aus.

Luftzufuhr verhindern

Manchmal sprüht die Feuerwehr einen dichten Schaumteppich auf ein Feuer. Damit wird die Luftzufuhr gestoppt. Ohne den Sauerstoff aus der Luft geht das Feuer aus. Kleinere Brände lassen sich auch mit einer schweren Decke ersticken.

Brennstoff entziehen

Ohne Brennstoff kann ein Feuer nicht weiterbrennen. Bei einem Waldbrand werden Schneisen in den Wald geschlagen. Man fällt also Bäume und räumt sie dann weg.

Brände kann man durch Abkühlen, Sauerstoffentzug und Entfernen des Brandmaterials löschen.

A Erkläre, wie man grundsätzlich ein Feuer löschen kann.

B Beschreibe die Löschwirkung von Schaum.

2 Bedingungen für ein Feuer

Zündtemperatur • Sauerstoff • Brennstoff

3 Löschen mit Schaum

Material mit Aufgaben

P1 Ein Modell-Feuerlöscher

Material: Erlenmeyerkolben (250 ml), durchbohrter Stopfen mit Winkelrohr, Teelicht, Streichhölzer, Becherglas, Spatel, Backpulver, Essig

Durchführung: Stelle ein Teelicht in ein Becherglas; zünde das Teelicht an. Fülle 2-3 Spatel Backpulver in den Erlenmeyerkolben. Gib 10-20 ml Essig hinzu. Setze nun rasch den Stopfen auf und halte das Ende des Winkelrohres über das Teelicht.

1. ▌ Beschreibe deine Beobachtung.
2. ▌▌ Erkläre, wie dieser „Feuerlöscher" funktioniert.

M2 Richtig löschen

Wähle zwei Aufgaben aus. Du sollst jeweils erklären, was du tun kannst:

1. ▌▌ Ein Elektrogerät beginnt plötzlich zu qualmen… ✚
2. ▌▌ Ein Lagerfeuer soll gelöscht werden, es ist kein Wasser da. ✚
3. ▌▌ Bei einem Osterfeuer brennt das T-Shirt eines Jungen… ✚

M3 Vorsicht: Fettbrand!

Brennendes Fett oder Öl darf nie mit Wasser oder wässrigem Schaum gelöscht werden! Sonst kommt es zu einer Fettexplosion: Das Wasser sinkt in das heiße Fett und verdampft schlagartig (aus 1 l Wasser werden 1 700 l Wasserdampf).

Das brennende Fett spritzt dann in alle Richtungen.

1. ▌ Beschreibe die Fotos zur Lösch-Vorführung der Feuerwehr. Dort wurde Wasser in brennendes Fett geschüttet.

2. ▌▌ Begründe, weshalb Wasser im heißen Fett nach unten sinkt. ✚
3. ▌▌ Weshalb hat verdampfendes Wasser eine so starke Wirkung? ✚
4. ▌▌ Beschreibe, wie man brennendes Fett in einer Pfanne oder einem Topf löschen sollte.

Expertenbefragung: Jugendliche bei der Feuerwehr

1 Fragen sammeln bei der Vorbereitung

3 Ein Experte der Feuerwehr wird befragt

Vorbereitung:

▸ Sammelt im Vorfeld eure Fragen und notiert sie.

▸ Besprecht, wer die Fragen stellt (ein Mitschüler oder mehrere?).

▸ Legt fest, wer die Antworten notiert oder ob die Befragung mit dem Smartphone aufgezeichnet werden soll (dazu braucht ihr die Erlaubnis des Experten!)

▸ Legt fest, wer den Experten anruft und einlädt.

Bei vielen Feuerwehren gibt es eine Jugendabteilung, in der ihr viel über Feuer und das Löschen lernen könnt.
Dort gibt es oft auch weitere tolle Aktivitäten wie Camps, Wettbewerbe und Geschicklichkeitsturniere.

Informiert euch doch direkt bei einem Experten von der Feuerwehr. Ladet ihn ein und stellt ihm Fragen.

Eine solche **Expertenbefragung** sollte gut vorbereitet werden.

Durchführung:

▸ Begrüßt den Experten freundlich und dankt ihm für seine Bereitschaft, eure Fragen zu beantworten

▸ Seid höflich und freundlich. Wer gerade keine Frage stellt, sollte aufmerksam zuhören.

▸ Am Ende bedankt ihr euch nochmal für das Interview.

Nachbereitung:

▸ Wertet das Gespräch aus:

▸ Konnten alle Fragen beantwortet werden?

▸ Welche Antwort hat euch überrascht, habt ihr etwas Neues erfahren?

▸ Überlegt, wie ihr die Ergebnisse des Interviews für alle Interessierten festhalten könnt. Zum Beispiel als Protokoll, als Plakat, als kleine Info-Ausstellung für andere Klassen usw.

2 Bei der Jugendfeuerwehr lernt man Vieles über das Löschen

Bei einer Verbrennung werden Stoffe umgewandelt

1 An der Glaswand sind feine Wassertröpfchen

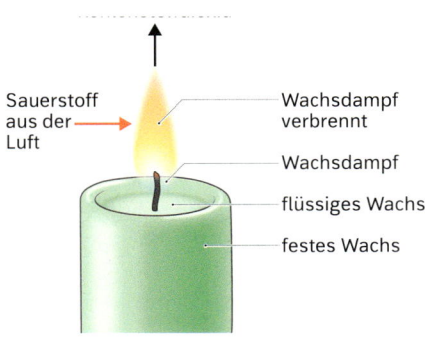

Kohlenstoffdioxid und Wasserdampf

Sauerstoff aus der Luft

Wachsdampf verbrennt

Wachsdampf

flüssiges Wachs

festes Wachs

2 Eine Kerze brennt

Material mit Aufgaben

P1 **Stoffumwandlung bei Kerzen**

Material: Standzylinder, Verbrennungslöffel, Streichhölzer, kleine Kerze, Kalkwasser (GHS 05, 07)

Durchführung: a) Lass eine kleine Kerze eine Weile in einem Verbrennungslöffel im Standzylinder brennen. Beobachte die Innenwand des Glases genau. Entferne den Verbrennungslöffel und decke anschließend das Glas ab.
b) Gieße 2–3 cm hoch Kalkwasser in den Standzylinder. Wenn sich das Kalkwasser weißlich trübt, war Kohlenstoffdioxid in Glas.

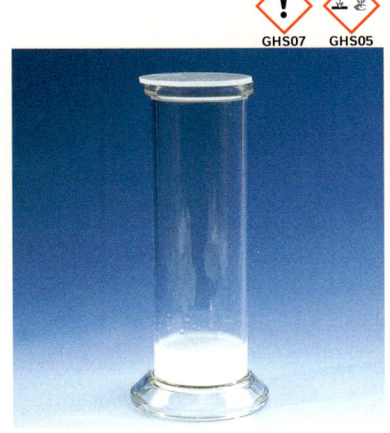

1. ▍▍ Beschreibe deine Beobachtung bei Teilaufgabe a).
2. ▍▍ Erkläre, was du bei Teilaufgabe a) beobachtet hast. ✚
3. ▍▍ Begründe, warum du den Standzylinder abdecken sollst.
4. ▍▍ Erkläre, woran es liegen könnte, falls du bei b) keine weißliche Trübung siehst.

Die Kerze, näher betrachtet

Wenn eine Kerze brennt, verbrennt der Brennstoff **Wachs**. Dazu ist **Sauerstoff** nötig. Die Flamme ist heiß und leuchtet. Es wird also **Energie** an die Umgebung abgegeben.
Die **Verbrennungsprodukte** Wasserdampf und Kohlenstoffdioxid kannst du nicht sehen. Sie sind farblos.
Stellt man die Kerze aber in einen Glasbehälter, erscheinen nach einiger Zeit kleine Wassertröpfchen an der Glaswand. Auch das Gas Kohlenstoffdioxid lässt sich im Behälter nachweisen. Das Gas trübt eine zuvor klare Lösung von Kalkwasser.

Bei einer Verbrennung entstehen neue Stoffe

Der Brennstoff Wachs verbrennt mit Hilfe von Sauerstoff zu Wasserdampf und Kohlenstoffdioxid. Bei der Verbrennung entstehen also aus vorhandenen Stoffen neue Stoffe mit anderen Eigenschaften.

Auch bei einem Grill- oder Holzfeuer entstehen Wasserdampf und Kohlenstoffdioxid als Verbrennungsprodukte. Und auch hier wird Energie freigesetzt. Was du am Schluss als Rückstand siehst, ist Asche. Das sind die nicht brennbaren Anteile der Brennstoffe.

Bei **Verbrennungen** werden Ausgangsstoffe **in neue Stoffe mit anderen Eigenschaften umgewandelt**. Bei jeder Verbrennung wird **Energie** an die Umgebung **abgegeben**.
Solche Stoffumwandlungen bezeichnet man auch als **chemische Reaktion.**

A Nenne die Verbrennungsprodukte einer Kerze..

B Fasse zusammen, woran man erkennt, dass eine chemische Reaktion stattgefunden hat..

Bedingungen für ein Feuer

Für ein Feuer braucht man
▸ einen brennbaren Stoff
▸ Sauerstoff und
▸ eine ausreichend hohe
Temperatur (Zündtemperatur)

Zerteilungsgrad: Je feiner ein Brennstoff vorliegt, desto besser verläuft die Verbrennung.

Feuer: nützlich und gefährlich

Im Alltag nutzen wir Feuer sehr oft, zum Beispiel in der Industrie, bei der Metallherstellung sowie in Wärmekraftwerken. In Benzin-Motoren laufen ebenfalls ständig kontrollierte Verbrennungen ab.
Feuer, die Dinge zerstören und Menschenleben bedrohen, heißen Brände.

Staubexplosionen

Wenn ein brennbarer Stoff sehr fein in der Luft verteilt ist, reicht schon ein Funke, um eine Explosion auszulösen.

Brandschutzmaßnahmen

Durch Brandschutzmaßnahmen kann man Brände vermeiden oder verhindern, dass sie sich rasch ausbreiten.
Hilfreich dafür sind zum Beispiel Rauchmelder, Feuermelder, Feuerlöscher, Sprinkleranlagen.

Verhalten bei einem Brand

Einen Brand sollte man sofort bei der Feuerwehr melden: Tefefon 112
Oberste Regel: Die eigene Sicherheit geht vor. Löschen kann die Feuerwehr.

Bei Feuer:

Telefon 112

Feuer richtig löschen

So löscht man Feuer:
▸ den brennenden Stoff abkühlen
▸ die Luftzufuhr unterbrechen
▸ den brennenden Stoff entfernen.

Sicherheit im Alltag

▸ Brennt Öl oder Fett, darf man nie mit Wasser löschen. Sonst kommt es zur gefährlichen Fettexplosion. Richtig ist: Luftzufuhr unterbrechen!
▸ Brennbare Flüssigkeiten darf man nie auf ein Feuer oder glühende Kohle gießen!

Stoffumwandlungen

Bei Verbrennungen werden Ausgangsstoffe in neue Stoffe mit anderen Eigenschaften umgewandelt.
Bei jeder Verbrennung wird Energie an die Umgebung abgegeben.

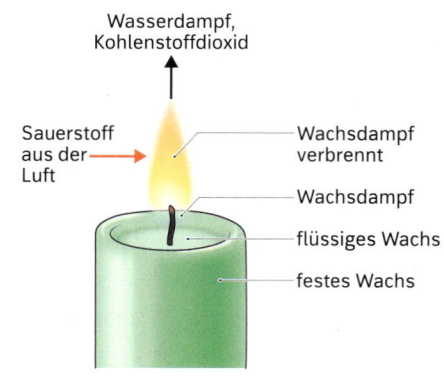

1 Bedingungen für ein Feuer

A ‖ Erläutere die drei Bedingungen für ein Feuer an einem Holzkohlefeuer.

B ‖ Wenn es brennt und man den Raum verlässt, soll man Türen und Fenster schließen.
Begründe diese Maßnahme.

Kiefernholzspäne, mit Wachs überzogen

festes Paraffin (Kohlenwasserstoffe)

C ‖ Für Holzkohlefeuer werden „Anzündhilfen" empfohlen. Beurteile, ob oben abgebildeten geeignet sind. Gib auch die Gründe dafür an.

D ‖ Begründe, weshalb man auf keinen Fall Brennspiritus in ein schlecht brennendes Feuer gießen darf.

2 Feuer: erwünscht oder nicht?

A ‖ Gib einige Vorteile des Feuers für die Menschen in der Steinzeit an.

B ‖ Nenne jeweils Beispiele für erwünschte und für unerwünschte Verbrennungen.

C ‖ Überlege und nenne Beispiele für Verbrennungen, die in deinem Alltag vorkommen.

3 Zündtemperatur

Beschreibe ein Experiment, mit dem du zeigen kannst, dass zum Entzünden eines Feuers kein direkter Kontakt mit einer Flamme notwendig ist.

4 Eine Kerze brennt

A ‖ Beschreibe die Vorgänge beim Anzünden einer Kerze.

B ‖ Eine Kerze ohne Docht lässt sich nicht entzünden. Begründe das.

C ‖ Eine Kerze wird beim Verbrennen immer kleiner und „verschwindet" nahezu. Erläutere das etwas näher.

D ‖ Beim Ausblasen einer Kerze sieht man oft einen weißlichen Nebel (Abb. unten). Erkläre, worum es sich handelt

E ‖ Auf welche Weise kannst du deine Aussage in D beweisen? Plane dazu ein kleines Experiment.

5 Schnelle Verbrennungen

A ‖ Für explosive Feuer-Effekte werden gerne die fein zermahlenen Sporen der Bärlapp-Pflanze verwendet. Erkläre, weshalb hier die Verbrennung so heftig ausfällt, obwohl nur kleine Mengen verwendet werden.

B ‖ Beurteile, bei welchen Stoffen eine Explosion möglich wäre: Mehlstaub, Holzstaub, feines Gesteinspulver, Holzkohlepulver.

6 Brände richtig löschen

‖ Erläutere, wie folgende Brände gelöscht werden können. Wähle drei Beispiele aus:

A Eine Scheune aus Holz brennt.

B Ein Tannenzweig in einem Adventsgesteck mit Kerze brennt.

C Das überhitzte Fett in einer Pfanne brennt.

D Im Chemieraum hat sich verschütteter Spiritus auf dem Tisch entzündet.

E Das Ladegerät eines Smartphones beginnt zu qualmen.

F Beim Nachbarhaus schlagen die Flammen aus dem Dach.

Seite 10/11

M1 Aufgabe 3

Lies für D den Absatz Chemie im Leben nochmal durch. Denke bei E und F daran, woher die Stoffe kommen, die für diese Produkte verwendet werden.

Seite 12/13

M1 Aufgabe 1

Erstelle am besten eine Liste, in der du für jeden Schüler einen Eintrag machst. Du könntest notieren:
A: ... hat die Haare nicht zusammengebunden.
B: ... ist nicht aufmerksam, schüttelt ein Reagenzglas und schaut zur Seite.

Seite 14/15

M2 Aufgaben 2 und 3

Vergleiche nochmal die beiden Abbildungen dazu. Denke an die möglichen Risiken einer offenen Flamme. Vergleiche auch die Größe von Becherglas und Reagenzglas.

Aufgabe 4

Überlege, mit welcher Methode würdest du 100 ml Wasser erhitzen...?

Seite 16/17

M1 Aufgabe 1

Denke daran, zuerst einen Text zu lesen. Suche in einem ersten Durchgang die Geräte, die einfach zu erkennen sind. Im zweiten Durchgang findest du die Lösungen, wenn du den Text auf der linken Seite nochmal durchliest.

Seite 18/19

M1 Aufgabe 3

Es kann leicht passieren, dass man bei viel Durst schnell nach einer Flasche greift, die aussieht, wie eine Wasserflasche...

Seite 20/21

M1 Aufgabe 1

Verwende die Begriffe Beobachtung - Forscherfrage - Hypothese - Experiment. Es genügt, wenn du zu jedem Begriff einen kurzen Satz schreibst.

Seite 22/23

M1 Aufgabe 2

Führe den Versuch erst durch, wenn die Lehrkraft einverstanden ist. Du kannst das Protokoll nach dem Muster im Buch erstellen. Wenn ihr in eine Vorlage von der Lehrkraft bekommt, dann verwende diese.

Seite 28/29

P1 Aufgabe 3

Lies dazu nochmal den Absatz zum Thema Geschmack im Schulbuch.

P2 Aufgabe 2

Die Gegenstände auf einem Tisch in einem Zimmer sind alle etwa gleich warm. Es hat etwas mit der Stoffeigenschaft Wärmeleitfähigkeit zu tun. Lies nochmal den Absatz Tasten und Fühlen.

Seite 30/31

P1 Aufgabe 2

Bei einer Flüssigkeit braucht ihr zwei leitfähige Teile, die ihr in die Flüssigkeit eintauchen könnt. Einen Stecker soll man nicht in Flüssigkeiten tauchen.

Seite 32/33

M1 Aufgabe 2

Wasser hat die Dichte 1,0 g/cm³, das steht in der Tabelle; ein Eimer Wasser wiegt 10 kg.
Die Dichte von Holz ist mit 0,5 g/cm³ nur halb so groß; also ist der Eimer auch nur halb so schwer, nämlich ...

Aufgabe 3

Wasser hat die Dichte 1,0 g/cm³. Ein Eimer Wasser wiegt 10 kg.
Die Dichte von Gold ist 19,3 g/cm³. Ein Eimer voller Gold ist daher etwa 19 mal so schwer wie ein Eimer Wasser, mämlich etwa ...

P2 Aufgabe 2

Hast du die Schrauben gewogen? Damit hast du die Masse. Dann musst du mit einem Messzylinder das Volumen bestimmen. Zum Schluss musst du nur noch die Werte in diese Formel einsetzen und ausrechnen:
Dichte = Masse : Volumen

Seite 34/35

P1 Aufgabe 2

Ja bedeutet, dass es sich gut löst; mittel, dass es länger dauert oder dass sich nicht alles löst. Nein bedeutet, dass sich auch durch Schütteln nicht alles lösen lässt.

Seite 36/37

M1 Aufgabe 3

Nutze folgende Satzbausteine:
flüssig werden - gasförmiger Wasserdampf - Wasserdampf wird wieder
flüssig

Aufgabe 4

Nutze folgenden Satzanfang:
▸ *Zuerst wird das feste Blei über einer
Kerzenflamme erhitzt. Es beginnt zu ...*

Seite 38/39

M2 Aufgabe 2

Nutze folgenden Satzanfang:
▸ *Wenn das feste Iod erhitzt wird, entsteht gleich ...*

Seite 40/41

P1 Aufgabe 2

Überlege: Hilft es dir bei der Suche
nach einem bestimmten Stoff, wenn
du weißt, dass er bei 100 °C siedet? Ja,
sehr. Und hilft es dir, wenn du weißt,
dass sich ein Stoff beim Erhitzen entzündet...? Ja, aber ...

P2 Aufgabe 2

Betrachte das Zeit-Temperatur-Diagramm von Wasser im Schulbuch. Dort
siehst du, dass beim Schmelzen die
Temperatur einige Zeit etwa auf dem-
selben Stand bleibt.

Seite 42/43

M1 Aufgabe 1

Du kannst auch größere Kandiszucker-
Stücke untersuchen statt Zuckerkörner.

M2 Aufgabe 1

Beispiel Stoffpaar Eisen/Aluminium:
Vergleiche die Eigenschaften der beiden Stoffe in der Tabelle unten. Dann
kannst du leicht feststellen, worin
sich die beiden Stoffe unterscheiden.
Gib auch noch an, wie du das zeigen
kannst.

Seite 44/45

P1 Aufgabe 2

Denke daran, dass die Geschwindigkeit
der brownschen Bewegung von der
Temperatur abhängig ist.

Aufgabe 3

Durch mehr Wärme gibt es mehr
brownsche Bewegung. Wenn sich die
kleinen Stoffteilchen schneller bewegen, ist das von Vorteil, wenn man zum
Beispiel Stoffe lösen will...

Seite 46/47

M1 Aufgabe 3

A zeigt den gasförmigen Zustand. Lies
dazu den Absatz im Buch über Gase.

Aufgabe 4

B zeigt den festen Zustand, C zeigt den
flüssigen Zustand.

Seite 56/57

M1 Aufgabe 2

Beachte vor allem, wie eng die Teilchen
jeweils zusammenliegen. Um welchen
Aggregatzustand handelt es sich dann?

Seite 58/59

M2 Aufgabe 2

Verwende Begriffe wie Eindampfen -
Lösen - Filtrieren.... Im Text findest du
weitere Hilfe.

Seite 60/61

M1 Aufgabe 2

Innen befindet sich salzhaltiges
Meerwasser. Was geschieht nun, wenn
starke Sonnenstrahlung durch die
Glasscheiben fällt. das Wasser erwärmt
sich und ...

P2 Aufgabe 3

Vergleiche zum Beispiel die Größe der
Behälter, den Aufwand beim Aufbau
der Geräte.

Seite 62/63

M1 Aufgabe 2

Bei A wird der Salat sehr schnell im
Kreis geschleudert. Bei B schwimmt
oben das leichtere Fett, unten ist eine
wässrige Schicht.

Seite 64/65

M3 Aufgabe 2

Im Begriff „Filterkaffee" steckt die
eine Methode bereits im Wort. Bei der
zweiten Methode geht es darum, die
Farb- und Geschmacksstoffe aus dem
Kaffeepulver herauszulösen. Das Fachwort dafür heißt ...

Aufgabe 3

Betrachte Abb. B genau. Die roten Pfei-
le zeigen des Weg des heißen Wassers.
Die braunen Kaffeekörnchen sind zu ...

Seite 66/67

M1 Aufgabe 3

Denke daran, welche Metalle magnetisch sind und welche nicht.

Seite 68/69

M1 Aufgabe 2

Lies die Tabelle und vergleiche zwischen neuem Papier und Recyclingpapier.

M2 Aufgabe 2

Der Magnet zeigt, dass magnetische Metalle aussortiert werden. Im Becken schwimmt Papier oben, das schwerere Glas sinkt ab.

Seite 70/71

Aufgabe 2

Überlege: Was erhält man beim Destillieren einer Salzlösung – und was beim Eindampfen?

Seite 76/77

M1 Aufgabe 3

Betrachte dazu, welche Arten von Süßwasser es gibt. Überlege dann, ob sie leicht nutzbar sind oder eher nicht.

Seite 78/79

M1 Aufgabe 2

Ein Generator bei einem Kraftwerk funktioniert ganz ähnlich wie ein Dynamo bei einem Fahrrad.

Aufgabe 3a

Energie aus Wasserkraft ist sehr umweltfreundlich. Allerdings kann man es nicht an einem beliebigen Ort bauen.

Seite 80/81

M1 Aufgabe 2a

Beschreibe einfach der Reihenfolge nach (A, B, C, D) mit deinen eigenen Worten, was in einer Teekanne vor sich geht.

Aufgabe 3

Denke daran, was nötig ist, damit Wasser verdunstet.

Seite 82/83

M1 Aufgabe 1

Du benötigst zunächst das Gewicht der Portion im frischen Zustand (mit Wasser). Dann brauchst du das Gewicht der getrockneten Portion (ohne Wasser). Brot kann man an der Luft trocknen. Obst und Gemüse muss man im Backofen trocknen.

Aufgabe 4

Je mehr Wasser enthalten ist, desto höher der Balken. Du kannst für 100 g Wasser 10 cm Höhe verwenden.

P2 Aufgabe 2

Da man mit Wassertestpapier und Kupfersulfat Wasser nachweisen kann, kann man sie als ....mittel bezeichnen.

Seite 84/85

M1 Aufgabe 2

Man muss deshalb nicht gleich völlig auf Baumwolle verzichten. Es wäre aber sinnvoll, seine Kleidung möglichst lange zu tragen, damit ...

Seite 86/87

M1 Aufgabe 3

Was wäre, wenn es gar keinen Grenzwert für schädliche Stoffe geben würde...?

Seite 88/89

M1 Aufgabe 1

Tipp: Beachte, was auf dem Foto zu sehen ist. Die orange Flüssigkeit ist Öl, die farblose ist Wasser.

M2 Aufgabe 2

Im Info-Text sind die drei Stufen beschrieben. Dort kannst du nochmal nachlesen.

Aufgabe 3

Denke daran, welche (wichtige) Aufgabe die Bakterien in einer Kläranlage haben.

Seite 90/91

P2 Aufgabe 1

Der feste Stoff, der oben schwimmt, ist leichter als die umgebende Flüssigkeit. Sinkt der feste Stoff ab, ist er schwerer als die Flüssigkeit.

M3 Aufgabe 2

Lies nochmal im Info-Text nach, was geschieht, wenn Wasser gefriert.

M4 Aufgabe 1

Versuche, den Inhalt des Absatzes „Ein See friert von oben her zu" mit eigenen Worten zusammenzufassen.

Seite 92/93

M1 Aufgabe 2

Dinge aus Naturstoffen zersetzen sich in viel kürzerer Zeit als solche aus Kunststoffen.

Seite 94/95

M1 Aufgabe 2

Im Absatz „Weltweiter Wasserbedarf" sind drei wichtige Gründe genannt.

Seite 94/95

M2 Aufgabe 2

Tipp: Nebelfänger sollen die feinen Wassertröpfchen des Nebels einfangen.

Aufgabe 3

Tipp: Will man die Feuchtigkeit von Nebel nutzen, muss natürlich auch Nebel vorhanden sein …

Seite 100/101

P1 Aufgabe 2

Man müsste zunächst versuchen, mit den Funken einen sehr trockenen und feinen Stoff zu entzünden. Wenn dieser brennt, könnte man damit …

M2 Aufgabe 2

Tipp: Reibe einmal kräftig beide Handflächen aneinenander. Fühlst du die Wärme? Es handelt sich also um R...... .

Seite 102/103

P1 Aufgabe 1

Das erste Teelicht braucht etwa gleich viel Sauerstoff wie das zweite. Überlege, weshalb das zweite Teelicht schneller aus geht.

P2 Aufgabe 3

Tipp: Üblicherweise entzündet man Streichhölzer, indem man sie an einer Reibfläche der Streichholzschachtel reibt. Diese Reibung erzeugt Wärme.

M3 Aufgabe 2

Denke an die drei wichtigen Bedingungen für ein Feuer und an den Zerteilungsgrad...

Seite 104/105

P1 Aufgabe 2

Das Wachs allein lässt sich mit einem Streichholz nicht entzünden. Der Docht allein brennt nur kurze Zeit und geht dann wieder aus. Man braucht also beides …

P2 Aufgabe 2

Das Holzstäbchen wird dort zuerst braun, wo es am heißesten ist. Das bedeutet …

Aufgabe 3

Tipp: Ein Eisendraht glüht, wenn es an einer Stelle besonders heiß ist.

P3 Aufgabe 2

Die zweite Kerze kann oberhalb des Röhrchens eine kleine Flamme entzünden. Das heißt, dass der Brennstoff aus der ersten Kerze durch das Röhrchen nach oben gelangt sein muss …

Seite 106/107

M1 Aufgabe 2

Nutze folgenden Satzanfang: Durch die eingeblasene Luft wird das Mehl … .

P2 Aufgabe 2

Spiritus lässt sich schon entzünden, bevor man die Flüssigkeit mit dem Holzspan erreicht. Hier muss also Spiritusdampf über dem Schälchen vorhanden sein. Bei Speiseöl dagegen …

M3 Aufgabe 1

Lies den Text unter der Tabelle noch einmal, da wird es beschrieben.

Aufgabe 3

Vergleiche dazu die Flammpunkte dieser Stoffe.

Seite 110/111

M2 Aufgabe 1

Denke daran, dass elektrischer Strom gefährlich sein kann.

Aufgabe 2

Überlege, wie man das Feuer sonst noch löschen kann. Schau auf die Abbildung zu den Brandbedingungen.

Aufgabe 3

Überlege, wie du ein Feuer ersticken oder abkühlen kannst...

M3 Aufgabe 2

Denke an Salatsoße, eine Mischung von wässrigem Essig und Öl …

Aufgabe 3

Lies im Text den Hinweis, der in Klammern steht.

Seite 112/113

P1 Aufgabe 2

Tipp: Wenn Kerzenwachs verbrennt, entstehen Kohlenstoffdioxid und Wasserdampf... .

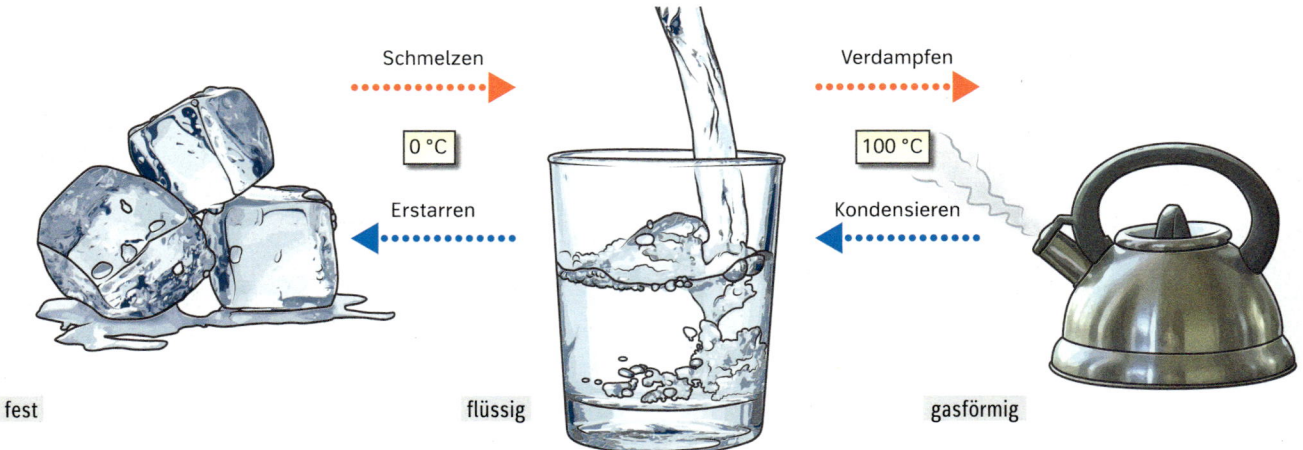

1   Schmelz- und Siedetemperatur sind charakteristische Eigenschaften von Stoffen

Struktur und Eigenschaften

Jeder Stoff verfügt über eine ganz bestimmte Kombination von Stoffeigenschaften. Sie sind typisch für jeden Stoff und unveränderlich. So schmilzt Wasser bei 0 °C und siedet bei 100 °C. Mit Hilfe ihrer Eigenschaften lassen sich Stoffe identifizieren.

Sie sind auch die Grundlage für die Verwendung dieser Stoffe in Alltag und Technik.
Die Eigenschaften eines Stoffes werden maßgeblich von der Art und der Anordnung der Teilchen bestimmt, aus denen sie aufgebaut sind.

Stoffe und Teilchen

Ein erstes Stoffteilchenmodell kann einige Eigenschaften von Stoffen leichter verständlich machen, so etwa die Aggregatzustände oder die Vorgänge beim Lösen eines Stoffes.

2   Der Lösungsvorgang im Stoffteilchenmodell (Zuckerteilchen und Wasserteilchen verteilen sich gleichmäßig)

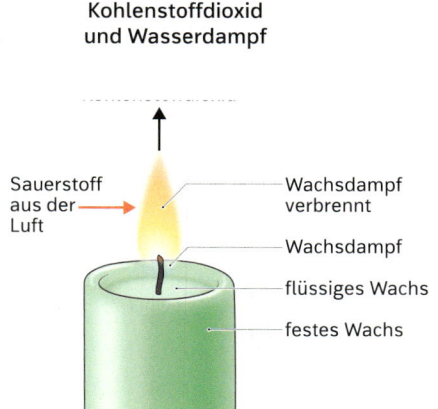

Kohlenstoffdioxid
und Wasserdampf

Sauerstoff
aus der
Luft

Wachsdampf
verbrennt

Wachsdampf

flüssiges Wachs

festes Wachs

3 Verbrennungen sind Stoffumwandlungen, chemische Reaktionen

Chemische Reaktion

Wenn man eine Kerze entzündet, verbrennt Kerzenwachs. Das Wachs wird im Docht zunächst flüssig und dann gasförmig. Mit dem Sauerstoff der Luft verbrennt es vor allem zu Kohlenstoffdioxid und Wasser.
Es findet also eine Stoffumwandlung statt, eine chemische Reaktion. Dabei entstehen aus vorhandenen Stoffen neue Stoffe mit anderen Eigenschaften.

Energie

Bei Verbrennungen und vielen weiteren chemischen Reaktionen wird Energie in Form von Licht und Wärme an die Umgebung abgegeben.
Alle chemischen Reaktionen sind mit einem Energieumsatz verbunden, entweder exotherm oder endotherm.

4 Bei explosionsartigen Verbrennungen wird eindrücklich erfahrbar, dass dabei eine große Menge von Energie umgesetzt wird

Register

GHS-Gefahrenpiktogramme

Gefahrenpiktogramm	Bedeutung
GHS01	**Explosive Stoffe:** explosive oder selbstzersetzliche Stoffe, sowie organische Peroxide.
GHS02	**Entzündbare Stoffe:** Stoffe, die entzündbar sind oder bei Berührung mit Wasser entzündbare Gase bilden. Selbsterhitzungsfähige, selbstzersetzliche oder pyrophore Stoffe. Organische Peroxide.
GHS03	**Oxidierende Stoffe:** Stoffe, die einen Brand anderer Materialien verursachen und unterstützen können.
GHS04	**Gase unter Druck:** Gase, die unter erhöhtem Druck in entsprechenden Behältern aufbewahrt werden.
GHS05	**Ätzende Stoffe:** Stoffe, die nach kurzer Einwirkung Haut oder Augen schädigen. Stoffe, die korrosiv gegenüber Metallen wirken.
GHS06	**Giftige Stoffe:** Stoffe, die beim Verschlucken, bei Hautkontakt oder beim Einatmen akut giftig wirken oder zum Tode führen können.
GHS07	**Gesundheitschädliche / reizende Stoffe:** Stoffe, die beim Verschlucken, bei Hautkontakt oder beim Einatmen gesundheitsschädlich sind, die Haut oder die Augen reizen oder auf die Haut allergen wirken. Stoffe, die die Atemwege reizen oder Schläfrigkeit und Benommenheit verursachen oder die Ozonschicht schädigen.
GHS08	**Chronisch gefährliche Stoffe:** Stoffe, die das Erbgut verändern, Krebs erzeugen, die Fruchtbarkeit beeinträchtigen, das Kind im Mutterleib schädigen oder in bestimmten Organen toxisch wirken. Stoffe, die beim Verschlucken oder Eindringen in die Atemwege tödlich sein können (Aspirationsgefahr) oder beim Einatmen Allergien, asthmaartige Symptome oder Atembeschwerden verursachen.
GHS09	**Umweltgefährdende Stoffe:** Stoffe, die für Wasserorganismen sehr giftig oder giftig sind.

Stoffliste und Gefahrenhinweise

Beim Experimentieren im Fachraum ist immer eine Schutzbrille zu tragen.

Stoff und Gefahrenpiktogramme	Signalwort Hinweise
Brennspiritus (Ethanol) — GHS07, GHS02	Gefahr H225, H319
Kalkwasser — GHS07, GHS05	Gefahr H 315, H 318, H 335
Kupfersulfat — GHS07, GHS09	Achtung H 302, H 319, H 315, H 410
Waschbenzin — GHS07, GHS02, GHS08, GHS09	Gefahr H 225, H 304, H 315, H 336, H 361f, H 373, H 411

Gefahren- und Sicherheitshinweise (H- und P-Sätze), Auswahl

H225: Flüssigkeit und Dampf leicht entzündbar.
H302: Gesundheitsschädlich bei Verschlucken.
H304: Kann bei Verschlucken und Eindringen in die Atemwege tödlich sein.
H315: Verursacht Hautreizungen.
H318: Verursacht schwere Augenschäden.
H319: Verursacht schwere Augenreizung.
H335: Kann die Atemwege reizen.
H336: Kann Schläfrigkeit und Benommenheit verursachen.
H361f: Kann vermutlich die Fruchtbarkeit beeinträchtigen.
H373: Kann die Organe schädigen bei längerer oder wiederholter Exposition.
H410: Sehr giftig für Wasserorganismen mit langfristiger Wirkung.
H411: Giftig für Wasserorganismen, mit langfristiger Wirkung.
H412: Schädlich für Wasserorganismen, mit langfristiger Wirkung.

P210: Von Hitze, heißen Oberflächen, Funken, offenen Flammen sowie anderen Zündquellenarten fernhalten. Nicht rauchen.
P233: Behälter dicht verschlossen halten.
P241: Explosionsgeschützte Geräte verwenden.
P243: Maßnahmen gegen elektrostatische Entladungen treffen.
P260: Staub / Rauch / Gas / Nebel / Dampf / Aerosol nicht einatmen.
P270: Bei Gebrauch nicht essen, trinken oder rauchen.
P273: Freisetzung in die Umwelt vermeiden.
P280: Schutzhandschuhe / Schutzkleidung / Augenschutz / Gesichtsschutz tragen.
P314: Bei Unwohlsein ärztlichen Rat einholen / ärztliche Hilfe hinzuziehen.

Laborgeräte

Reagenzglasgestell

Reagenzglas

Reagenzglas-halter

Reagenzglas-bürste

Spatellöffel

Tiegelzange

Becherglas

Rundkolben

Stehkolben

Messkolben

100 ml

Erlenmeyerkolben

Standzylinder

Messzylinder

Liebigkühler

Drahtnetz

Dreibein

Gasbrenner

Thermometer

Abdampfschale

Trichter

Glasstab

Glasrohr

Gaswaschflasche

Uhrglas

Gummistopfen

Durchbohrter
Gummistopfen

Tropfpipette

Bildquellen

|Alamy Stock Photo (RMB), Abingdon/Oxfordshire: Dorling Kindersley ltd 63.2; Elkin, Andrey 54.1; Felepchuk, Ken 36.1; H. Mark Weidman Photography 11.7; Herrick, Dan 68.1; MacDonald, Dennis 88.1; Markovic, Milan 76.1; Martinez, Francisco 38.1; Oliveira, Paulo 92.2; Popov, Andriy 114.3; Shields, Martin 16.2; Sintapanon, Warut 12.3; Standret, Myron 80.1; Strmiska, Martin 78.2. |Atelier tigercolor Tom Menzel, Klingberg: 14.1, 24.1, 28.2, 29.1, 30.2, 30.3, 31.1, 37.1, 37.2, 38.2, 39.1, 39.2, 45.1, 45.2, 45.6, 45.7, 46.3, 47.5, 48.2, 49.6, 50.1, 50.2, 58.2, 59.1, 60.2, 61.1, 61.2, 62.2, 62.3, 62.4, 63.3, 63.4, 64.4, 65.3, 67.1, 68.2, 69.1, 69.2, 70.1, 70.2, 70.3, 70.4, 70.5, 70.6, 71.2, 71.3, 72.3, 73.4, 73.5, 81.1, 84.2, 89.1, 94.2, 96.1, 113.2, 114.4, 120.1, 120.2, 120.5, 120.7, 120.8, 121.3, 125.1, 126.1. |BC GmbH Verlags- und Medien-, Forschungs- und Beratungsgesellschaft, Ingelheim: 109.1, 109.2, 109.3, 109.4. |Berghahn, Matthias, Bielefeld: 13.3, 25.2. |Biermann-Schickling, Birgitt, Hannover: 17.1, 17.2, 17.3, 17.4, 17.5, 17.6, 17.7, 17.8, 25.3, 25.4, 41.2, 45.3, 45.4, 45.5, 56.2, 56.3, 56.4, 59.2, 71.1, 73.1, 93.1, 120.3, 120.4, 120.6. |Bintakies, Jan (RV), Hannover: 97.3. |dreamstime.com, Brentwood: Umkehrer 87.2. |Druwe & Polastri, Cremlingen/Weddel: 15.2, 48.1. |fotolia.com, New York: Delphimages 10.3; Irochka 97.1; Momentum 79.1; playstuff 114.2; stefan_weis 96.3; stockphoto-graf 57.3; styleuneed 77.1; tournee 13.1; Tumik, Abel 10.2. |Freiwillige Feuerwehr Hersbruck, Hersbruck: 111.3, 111.4, 111.5, 111.6, 121.4, 121.5, 121.6, 121.7. |Getty Images (RF), München: Bernat Bacete, Jose A. 30.1; Gottschalk, Manfred 78.1; Westend61 66.1; © 2010 Ray Van Eng 66.2. |HAMBURG WASSER, Hamburg: 86.1. |iStockphoto.com, Calgary: deepblue4you 102.1; Hanis Titel.(Wasserfall); mcmaster639 Titel.(Salzgewinnung); sassy1902 84.1; Svetl Titel.(Zucker), 42.3. |Karnath, Brigitte, Wiesbaden: 31.2, 32.3, 33.1, 33.2, 33.3, 42.1, 101.4, 102.2, 105.2, 105.3, 106.2, 110.2, 114.1. |Keis, Heike, Rödental: 112.1, 112.2. |mauritius images GmbH, Mittenwald: age 57.2; ib/Tack, Jochen 18.6; imageBROKER/Schneider, Thomas 58.1; Urbanlip 82.2. |Minkus Images Fotodesign-agentur, Isernhagen: 11.5, 22.1, 22.2, 22.3, 43.1, 43.2, 43.3, 57.5, 62.1. |Naumann, Andrea, Aachen: 21.1, 21.2, 21.3. |OKAPIA KG - Michael Grzimek & Co., Frankfurt/M.: 36.3; NAS/Eisenbeiss, H. 96.2. |PantherMedia GmbH (panthermedia.net), München: belchonock 16.4, 24.3; Prill, Achim 16.3; zmaris 56.1. |Picture-Alliance GmbH, Frankfurt a.M.: dpa 106.1; dpa/Ismar, Georg 95.3; dpa/Kusch, Marcel 110.1; dpa/Reichel, Michael 112.3; Garry Moore/moodboard 12.1. |Pniok, Heinrich, Moorrege: 134.1, 134.2, 134.3, 134.4, 134.5, 134.7, 134.8, 134.9, 134.10, 134.11, 134.12, 134.13, 134.14, 134.15, 134.16, 134.17, 134.18, 134.19, 134.20, 134.21, 134.22, 134.23, 134.24, 134.25, 134.26, 134.27, 134.28, 134.29, 134.30, 134.31, 134.32, 134.33, 134.34, 134.35, 134.37, 134.45, 134.46, 134.47, 134.48, 134.50, 134.51, 134.53, 134.55, 135.1, 135.2, 135.3, 135.4, 135.5, 135.6, 135.7, 135.8, 135.9, 135.10, 135.11, 135.12, 135.13, 135.14, 135.15, 135.16, 135.17, 135.18, 135.19, 135.20, 135.21, 135.22, 135.23, 135.24, 135.25, 135.26, 135.27, 135.28, 135.29, 135.30, 135.31, 135.32, 135.33, 135.34, 135.35, 135.36, 135.40, 135.41, 135.42, 135.52, 135.53, 135.54, 135.55, 135.56, 135.57, 135.58. |Pustlaukdesign GmbH - Thilo Pustlauk, Tuttlingen-Möhringen: 91.3. |Rössler, Michal, Freiburg: 39.3. |Schlierf, Birgit und Olaf, Lachendorf: 18.2, 18.3, 18.4, 18.5, 19.2, 19.3, 19.4, 19.5, 19.6, 19.7, 19.8, 19.9, 19.10, 83.4, 83.5, 107.3, 107.4, 113.3, 113.4, 124.1, 124.2, 124.3, 124.4, 124.5, 124.6, 124.7, 124.8, 124.9, 125.2, 125.3, 125.4, 125.5, 125.6, 125.7, 125.8, 125.9, 125.10, 125.11. |Schobel, Ingrid, Hannover: 15.1, 46.2, 46.4, 46.5, 47.1, 47.2, 47.3, 47.4, 49.2, 49.3, 49.4, 49.5, 51.4, 55.1, 55.2, 72.1, 72.2. |Science Photo Library, München: 14.2; Giphotostock 65.1, 65.2. |Shutterstock.com, New York: ADS-DESIGN 12.2; AJCespedes 95.1; anatoliy_gleb 101.2; Andrii, Lysenko 103.3; Arlis_art 10.1; Bokarev, Vlad 110.3; claraxy 34.1; Drakonyashka 73.3; Fotos593 92.1; frantic00 28.1; Gilles Paire 73.2; Happy Max 55.4; Louro, Luis 51.2; Mintr 11.6; MrLis 4.2, 74.1; New Africa 40.1; Nikolay_Voronin 115.1; Normann, Igor 55.3, 73.6; Oleh, Tsyb 111.1; PhotoSky 60.1; pzAxe 34.3; Schonewille, Ben 82.1; slawomir.gawryluk 64.1, 64.2, 64.3; Theeraphong 4.1, 52.1; Tihonovs, Alex 94.1; tonkid 20.1; Yermolov 101.1. |Simper, Manfred, Wennigsen: 11.1, 11.2, 11.3, 16.5, 18.1, 19.1, 23.1, 25.1, 28.4, 29.2, 32.1, 32.2, 34.2, 35.1, 35.2, 36.2, 41.1, 44.1, 44.2, 44.3, 44.4, 45.8, 45.9, 51.3, 54.3, 57.10, 73.7, 81.2, 82.3, 83.1, 83.2, 83.3, 83.6, 88.2, 90.1, 90.2, 90.3, 90.4, 90.5, 90.6, 91.2, 92.3, 96.4, 97.2, 101.3, 103.1, 103.2, 104.1, 104.2, 104.3, 104.4, 105.1, 107.2, 115.2. |stock.adobe.com, Dublin: alves, ricardo 100.1; Bobrovskiy, Pavel 46.1; Cobalt 80.2; contrastwerkstatt 3.1, 8.1; Countrypixel 86.2; crazymedia 76.2; dima_pics 102.5, 102.6; Eisenhans 108.3; eyetronic 57.4; funfunphoto 108.1, 108.2; Givaga 102.3, 102.4; Gojda, Lukas 57.1; grafikplusfoto 11.4; Hyrma 57.6; Itsanan 57.7; leszekglasner 57.8; manulito 54.2; OlegD 5.1, 98.1; Philipimage 63.1; PhotoSG 3.2, 26.1; Pixelot 13.2; psdesign1 16.1; Sanders, Gina 57.9; schankz 51.1; Unclesam 28.3. |Tegen, Hans, Hambühren: 24.2, 38.3, 42.2, 50.3, 107.5, 113.1, 113.5, 115.3, 121.1, 121.2. |von Goessel, Hannes, Erding: 33.4, 49.1, 77.2, 79.2, 85.1, 85.2, 87.1, 87.3, 91.1, 95.2, 104.5, 109.5, 111.2. |Wildermuth, Werner, Würzburg: 107.1. |Wojczak, Michael, Braunschweig: 134.6, 134.36, 134.38, 134.39, 134.40, 134.41, 134.42, 134.43, 134.44, 134.49, 134.52, 134.54, 134.56, 134.57, 134.58, 135.37, 135.38, 135.39, 135.43, 135.44, 135.45, 135.46, 135.47, 135.48, 135.49, 135.50, 135.51, 135.59, 135.60, 135.61, 135.62, 135.63, 135.64, 135.65.

Periodensystem

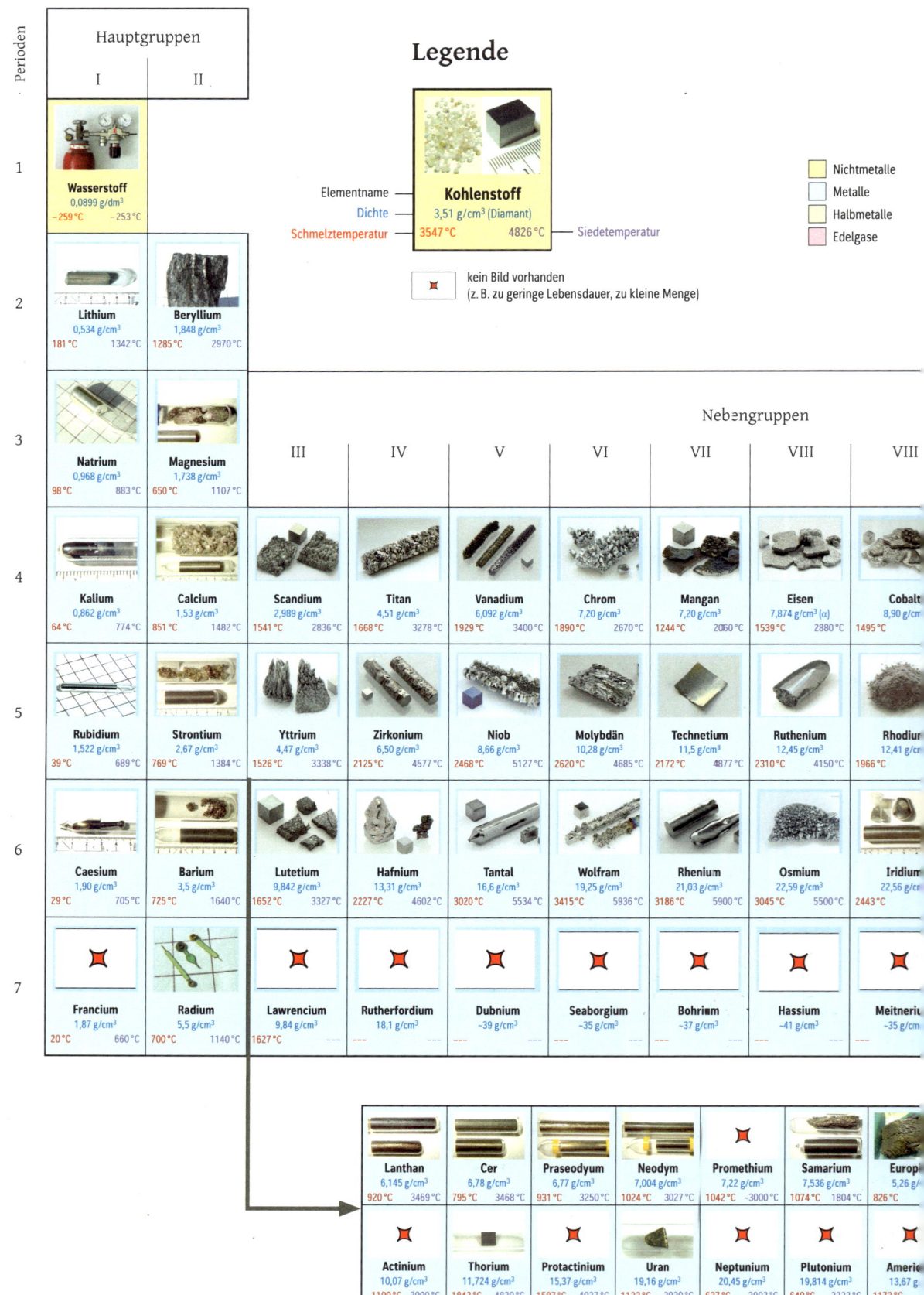

Perioden

Hauptgruppen

I II

Nebengruppen

III IV V VI VII VIII VIII

Legende

Elementname — **Kohlenstoff**
Dichte — 3,51 g/cm³ (Diamant)
Schmelztemperatur — 3547 °C   4826 °C — Siedetemperatur

kein Bild vorhanden
(z. B. zu geringe Lebensdauer, zu kleine Menge)

- Nichtmetalle
- Metalle
- Halbmetalle
- Edelgase

1

Wasserstoff
0,0899 g/dm³
−259 °C   −253 °C

2

Lithium
0,534 g/cm³
181 °C   1342 °C

Beryllium
1,848 g/cm³
1285 °C   2970 °C

3

Natrium
0,968 g/cm³
98 °C   883 °C

Magnesium
1,738 g/cm³
650 °C   1107 °C

4

Kalium
0,862 g/cm³
64 °C   774 °C

Calcium
1,53 g/cm³
851 °C   1482 °C

Scandium
2,989 g/cm³
1541 °C   2836 °C

Titan
4,51 g/cm³
1668 °C   3278 °C

Vanadium
6,092 g/cm³
1929 °C   3400 °C

Chrom
7,20 g/cm³
1890 °C   2670 °C

Mangan
7,20 g/cm³
1244 °C   2060 °C

Eisen
7,874 g/cm³ (α)
1539 °C   2880 °C

Cobalt
8,90 g/cm³
1495 °C

5

Rubidium
1,522 g/cm³
39 °C   689 °C

Strontium
2,67 g/cm³
769 °C   1384 °C

Yttrium
4,47 g/cm³
1526 °C   3338 °C

Zirkonium
6,50 g/cm³
2125 °C   4577 °C

Niob
8,66 g/cm³
2468 °C   5127 °C

Molybdän
10,28 g/cm³
2620 °C   4685 °C

Technetium
11,5 g/cm³
2172 °C   4877 °C

Ruthenium
12,45 g/cm³
2310 °C   4150 °C

Rhodium
12,41 g/cm³
1966 °C

6

Caesium
1,90 g/cm³
29 °C   705 °C

Barium
3,5 g/cm³
725 °C   1640 °C

Lutetium
9,842 g/cm³
1652 °C   3327 °C

Hafnium
13,31 g/cm³
2227 °C   4602 °C

Tantal
16,6 g/cm³
3020 °C   5534 °C

Wolfram
19,25 g/cm³
3415 °C   5936 °C

Rhenium
21,03 g/cm³
3186 °C   5900 °C

Osmium
22,59 g/cm³
3045 °C   5500 °C

Iridium
22,56 g/cm³
2443 °C

7

Francium
1,87 g/cm³
20 °C   660 °C

Radium
5,5 g/cm³
700 °C   1140 °C

Lawrencium
9,84 g/cm³
1627 °C

Rutherfordium
18,1 g/cm³
---   ---

Dubnium
~39 g/cm³
---   ---

Seaborgium
~35 g/cm³
---   ---

Bohrium
~37 g/cm³
---   ---

Hassium
~41 g/cm³
---   ---

Meitnerium
~35 g/cm³

Lanthan
6,145 g/cm³
920 °C   3469 °C

Cer
6,78 g/cm³
795 °C   3468 °C

Praseodym
6,77 g/cm³
931 °C   3250 °C

Neodym
7,004 g/cm³
1024 °C   3027 °C

Promethium
7,22 g/cm³
1042 °C   ~3000 °C

Samarium
7,536 g/cm³
1074 °C   1804 °C

Europium
5,26 g/cm³
826 °C

Actinium
10,07 g/cm³
~1100 °C   ~3000 °C

Thorium
11,724 g/cm³
1842 °C   4820 °C

Protactinium
15,37 g/cm³
1597 °C   4027 °C

Uran
19,16 g/cm³
1132 °C   3930 °C

Neptunium
20,45 g/cm³
637 °C   3902 °C

Plutonium
19,814 g/cm³
640 °C   3232 °C

Americium
13,67 g/cm³
1173 °C